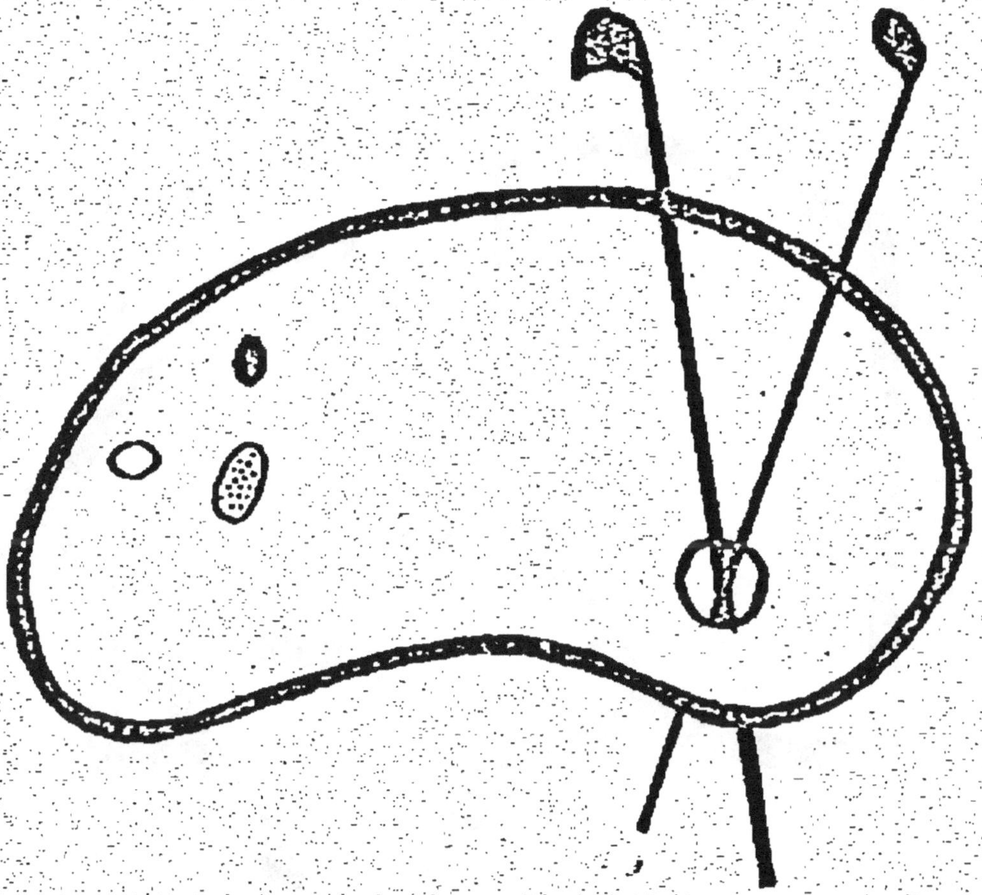

DEBUT D'UNE SERIE DE DOCUMENTS
EN COULEUR

Couverture inférieure manquante

DOCUMENTS

pour une biographie complète de

Jean Baptiste André GODIN

RASSEMBLÉS

par sa veuve, née Marie MORET

Extraits du deuxième volume

Fond de la doctrine philosophique et sociale du novateur.

Appui fourni par la Science.

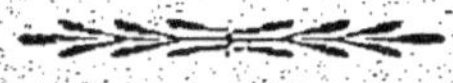

1903

BUREAU DE LA REVUE MENSUELLE « LE DEVOIR »

Au Familistère, Guise (Aisne)

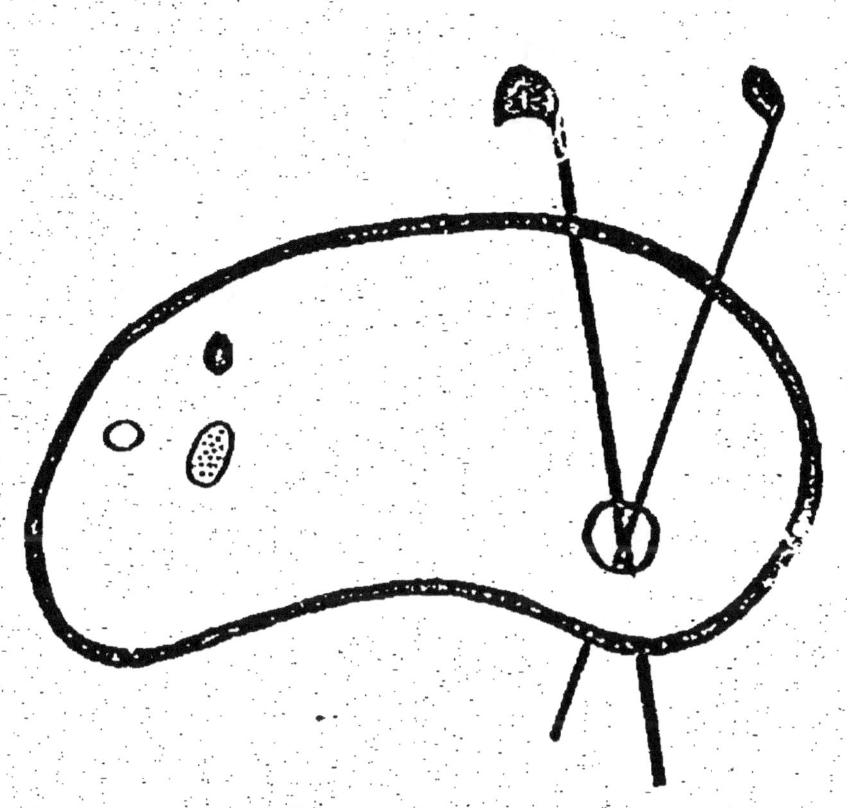

FIN D'UNE SERIE DE DOCUMENTS
EN COULEUR

DOCUMENTS

pour une biographie complète de

J. B^te ANDRÉ GODIN

Extraits du deuxième volume

DOCUMENTS

pour une biographie complète de

Jean Baptiste André GODIN

RASSEMBLÉS

par sa veuve, née Marie MORET

Extraits du deuxième volume

Fond de la doctrine philosophique et sociale du novateur.

Appui fourni par la Science.

1903

BUREAU DE LA REVUE MENSUELLE « LE DEVOIR »

Au Familistère, Guise (Aisne)

Documents [1] pour une biographie complète

DE J. B^TE ANDRÉ GODIN

DEUXIÈME VOLUME

2e CHAPITRE

UNITÉ : CAUSALITÉ, CONTINUITÉ

Dans la vie je vois la promesse et la source de toutes les formes de matières.

(William Crookes) (2).

1. — Fond de la doctrine philosophique et sociale de J. B. A. Godin.

L'esprit d'unité qui domine l'existence de Godin et le maintient, sans trève, agissant en vue du perfectionnement social, aura frappé le lecteur.

Avec les grands penseurs déjà mentionnés (3), Emmanuel Swedenborg et Emmanuel Kant, Godin unifie la Vie et le Travail. (*Solutions sociales* (4), 1871, chap. XII, p. 204.).

---

(1) En publication dans la revue mensuelle « *Le Devoir* », au Familistère, Guise, Aisne.

(2) Congrès de l'Association britannique pour l'avancement des sciences, Bristol, 1898. (*Revue scientifique*, Paris.)

(3) Deuxième volume, 1er chapitre, page 6.

(4) Editeurs : Guillaumin et Cie, 14, rue Richelieu, Paris.

Concevant une finalité suprême dans l'ensemble des choses, il voit dans les lois naturelles l'expression de cette finalité.

Les êtres conditionnés sont en évolution perpétuelle : c'est leur mode d'exister. A travers ces changements, ils se rapprochent ou s'écartent de l'Idéal d'Unité : harmonie des rapports entre les êtres; et se qualifient ainsi pour telles ou telles fonctions dans les systèmes conditionnés indéfinis.

Les actes de Vie dans tout organisme sont du Travail pour les éléments qui y concourent; et nos actes de travail proprement dits sont des actes de vie organique dans l'univers.

Tout l'ensemble est régi par : 1o la loi d'équilibre ou harmonie, d'où dérive, pour chaque valeur de fonction, un classement correspondant à son état (*justice*); 2o la loi de progrès ou évolution, en vertu de laquelle l'élément conditionné pouvant toujours perfectionner son état a pour *devoir* d'y procéder; 3o la loi de conservation ou continuité, en vertu de laquelle l'être se maintenant à travers ses évolutions, conserve la possibilité (le *droit*) d'acquérir plus de valeur de fonction.

Ces lois régissent tous les systèmes, il s'en suit l'aide mutuelle entre les éléments conditionnés. Le devoir pour la société est d'aider l'individu à bien exercer son droit, c'est-à-dire à bien remplir sa fonction, de même que l'individu a pour devoir de se maintenir lui-même en équilibre et en santé physique et morale : ce qui est intimement relié à l'exercice du droit des particules. Tout mouvement, même le plus infime, (*Solutions sociales*, p. 212) a pour conséquence, selon Godin, des transformations et compensations d'états dans la substance universelle. En un mot, Godin conçoit le mode effet ou matière comme pouvant passer au mode cause (*Solutions sociales*, p. 204), et le mode cause comme pouvant s'élever au mode principe ; c'est l'idée d'Unité dans la Vie par causalité et continuité ; aussi avons-nous donné pour épigraphe à ce chapitre les paroles concordantes du grand physicien William Crookes, au Congrès britannique pour l'avancement des sciences, Bristol, septembre 1898.

Dans les revendications de droits sociaux méconnus, des réformateurs pourront spéculer surtout sur la notion de droit et ainsi exalter avec assez de facilité les esprits, Godin demeure sans cesse orienté vers l'Idéal et n'invoque jamais le droit sans le devoir.

Aussi, dans la construction même de la première aile du palais social, en 1859, rappelle-t-il le principe d'unité par ces paroles gravées sur une plaque de marbre encastrée dans un des murs de la cour intérieure : « *Dieu nous soit en aide !* »

De même, en 1880, il ouvre le pacte statutaire de la Société du Familistère par une Invocation à l'Etre suprême, principe universel de la Vie, et par un exposé de sa doctrine de vie et travail, devoir et droit.

Cet alignement de Godin est des plus intéressants à saisir. N'est-il pas évident que, dans nos sociétés présentes, c'est la négligence ou la violation du véritable rapport de cause à effet, c'est-à-dire du devoir au droit dans la distribution des biens ou avantages sociaux qui engendre et entretient la mésintelligence, presque la haine, entre membres d'un même corps.

Mais n'est-il pas évident aussi qu'on n'institue rien de durable par la seule revendication du droit ; et que la solution du problème social exige l'orientation vers l'idéal et le plein accomplissement du devoir par la très grande majorité au moins des membres d'une collectivité.

Exagération du droit ou des prétentions individuelles, et comme conséquences gaspillage des fonds collectifs, relâchement des efforts producteurs, atténuation du sens du devoir : telle a été la rude et suggestive leçon fournie par la quarantaine d'essais sociaux vue dans la première partie de ce travail.

Une laborieuse culture de l'être humain, un grand développement de l'idéal chez chacun est donc indispensable.

Qu'on veuille bien nous permettre ici deux exemples quant à la longueur inévitable de cette préparation. Nous avons dans nos dossiers une lettre de Cantagrel à Godin, où Cantagrel relève que les vingt ans de préparation des gens par les écrits et discours de l'Ecole sociétaire n'avaient pas suffi à fournir, pour l'essai tenté au Texas, les éléments adéquats à l'œuvre. Godin répond que l'Ecole sociétaire a été initiatrice du mouvement, qu'elle a indiqué un idéal, mais que les organes de réalisation nécessiteront *chacun* de longues et laborieuses études expérimentales.

A l'appui de ces paroles voici notre deuxième exemple : L'idée de représentation du travail par la constitution de groupes, Unions de groupes et Conseils d'unions est empruntée à la théorie fouriériste. Les lecteurs du *Devoir* ont pu suivre, en 1896-1897, le compte-rendu de la tentative de réalisation de cette idée par Godin au Familistère en 1877. Or, les dix-huit ans écoulés alors depuis la fondation de l'habitation unitaire n'avaient pas non plus suffi, malgré les vigilants efforts du fondateur, à préparer le personnel des groupes entrevus par Charles Fourier.

L'expérience prouva qu'il fallait à la base de réalisation une grande culture générale chez tous les travailleurs, un véritable développement du sens administratif et surtout un haut idéal social.

Or tout cela ne sera obtenu que graduellement, par les efforts de plusieurs générations, lesquelles devront, en outre, approprier tout le mécanisme industriel à cette élévation des conditions sociales. Il faut donc embrasser plus que l'horizon d'une vie matérielle pour concevoir qu'une telle évolution est l'objet même de l'existence ; et c'est ce que faisait Godin.

« L'être » a-t-il écrit (*Solutions sociales*, p. 225) « est » avant son incorporation à la matière, il est encore » après avoir quitté la matière.

» La présence de l'homme dans l'existence matérielle » est pour lui une étape dans la vie générale... »

Et encore dans le pacte même de la Société du Familistère (1) : « L'existence matérielle est un des » grés innombrables de la vie, dans lequel la créature » doit acquérir les vertus propres à l'élever à un degré » supérieur. » (Lois de continuité et de causalité dans l'Unité).

Godin souffrait de ne pouvoir démontrer ces choses, car il comprenait que l'orientation vers le plus haut idéal social — aspect du principe d'Unité — était indispensable au bon gouvernement de chacun par soi, non moins que le sens de l'inéluctable sanction à laquelle sont soumis tous les mouvements des êtres quelconques, hommes ou particules, dans l'univers : chacun préparant par son effort actuel l'état qui suit.

Plus est étendu le champ d'amour embrassé par chacun, c'est-à-dire plus est grande la valeur de fonction d'un agent quelconque dans le sens de l'harmonie universelle, plus cet agent est élevé par rapport aux autres êtres.

---

(1) *Mutualité sociale*, p. 18. Editeurs : Guillaumin et Cie, 14, rue Richelieu, Paris.

L'individu qui ne conçoit que sa vie propre est au point le plus bas. L'homme qui se contente de ce rôle se dégrade jusqu'au dessous de certains animaux.

C'est pour aider à la culture générale, au développement de l'idéal d'unité chez chacun, que J.-B. A. Godin a réalisé et l'habitation unitaire et l'association du Capital et du Travail, deux œuvres où la solidarité des familles et, conséquemment, la nécessité d'harmoniser, d'unifier tous les rapports sociaux est rendue aussi évidente que possible.

C'est pour faciliter cette unification que Godin s'est attaché à resserrer les rapports de cause à effet dans la répartition des bénéfices de l'œuvre commune. Les mesures statutaires concernant les catégories de membres dans l'association, les attributions pécuniaires et autres de chacune de ces catégories n'ont pas d'autre objet. Godin n'a pu inscrire là ce qu'il aurait voulu ; il a simplement inscrit ce qui lui a paru le plus pratique à l'heure actuelle.

Le temps l'obligeait à aboutir, à donner à son œuvre — datant déjà de 40 années (depuis la création de son industrie en 1840) — la protection légale.

Codifiant dans les statuts de la Société du Familistère ce qui lui parut le meilleur, le plus pratique, il laissa forcément à l'avenir le soin des progrès à réaliser.

Toutes les prescriptions des statuts de la Société du Familistère concernant les caisses de secours en cas de maladie ou autres besoins spéciaux, les pensions de retraite pour les vieillards ou invalides, les services de la première enfance, des écoles, etc., etc., sont un exemple de ce que les membres d'une collectivité se doivent entre eux, et conséquemment une reconnaissance du droit à l'entretien de ceux qui ne peuvent pas encore ou qui ne peuvent plus concourir aux efforts producteurs.

Au point de vue doctrinal, Godin conçoit que l'enfant a sa part déterminée dans l'organisme social en raison même de la valeur de fonction inscrite en lui et qu'il est d'intérêt social et universel de cultiver (Loi de conservation et de progrès de la vie) ; l'invalide ou le vieillard a sa part déterminée en raison de ses œuvres passées.

Quant au travailleur actif, Godin conçoit qu'en vue de l'aider socialement au meilleur accomplissement de son devoir, et ainsi à l'agrandissement de son droit, il faut dans les entreprises s'appliquer, nous le répétons, à serrer tellement les rapports de cause à effet dans la production et la répartition des biens sociaux que l'équité de distribution en soit démontrable, et qu'en même temps les individus se trouvent sous une sanction matérielle directe et immédiate qui, les liant au bien commun, porte chacun d'eux au meilleur gouvernement de soi-même pour son bien propre et pour le bien de la collectivité. Nous avons essayé d'indiquer dans la première partie de ce travail, chapitre XXI, toute l'étendue et la difficulté de ce qui reste à faire sous ce rapport, et montré qu'il faut, pour arriver à l'instauration de la véritable méthode de rémunération du travail effectué et de classement des capacités, le concours de beaucoup de bonnes volontés.

Qu'on nous permette de revenir ici sur un des points déjà touchés : la pluralité des existences dans la doctrine de Godin, mais pour en faire ressortir un côté spécial.

Dans le volume même des statuts de la Société du Familistère (*Mutualité sociale*, p. 18), Godin invoquant le principe d'Unité par causalité et continuité, montre l'être humain se classant « dans ses existences successives suivant la valeur des actes qu'il a accomplis,

« des facultés qu'il a développées en lui, suivant enfin « ce qu'il est en état *d'accomplir encore pour le bien* « *et le progrès de la vie générale.* »

C'est là le point intéressant à approfondir : Godin montre le *droit* de vivre, c'est-à-dire *d'accomplir des actes*, croissant avec les facultés d'action ; en d'autres termes, le meilleur accomplissement du devoir préside à l'élargissement du droit ; ou, si l'on veut, **le droit est fait avec du devoir accompli.**

Ceci est d'une énorme portée pratique. C'est, du reste, la notion de l'effet fonction continue de cause ; la cause se modifiant, l'effet se modifie. Dans l'exemple proposé par Godin, l'homme, en modifiant sa manière d'accomplir le devoir, modifie son droit et est classé en conséquence dans la vie universelle.

La valeur sociale d'une telle doctrine est évidente : Une sanction inéluctable est, par elle, attachée à tout acte conscient. Pas une pensée entretenue, pas un mouvement ne devient indifférent. L'essentiel pour chacun dans l'existence, c'est d'augmenter sa valeur de fonction, sa capacité de concourir à la prospérité générale.

Les relations entre la doctrine philosophique à laquelle s'est arrêté Godin et son œuvre sociale, sont exposées tout au long de ses divers écrits.

Le lecteur que le sujet intéresse voudra donc bien s'y reporter. Ici notre objet était simplement de mettre en lumière ce fond de la doctrine philosophique et sociale de J.-B.-A. Godin : *Unité par causalité et continuité.*

Les leçons fournies par les expérimentations sociales aux Etats-Unis nous avaient déjà amenés (1re partie de ce travail, ch. LI) à la même formule, et nous avons dit que la Science y donnait aujourd'hui un appui positif. C'est ce que nous avons à voir maintenant ; car les lois naturelles étant universelles aucun fait n'échappe à leur action et nous ne pouvons atteindre un but qu'en le poursuivant d'accord avec elles. Aussi, nous est-il apparu comme un devoir d'introduire dans ces Documents, avant de poursuivre l'exposé des travaux de Godin à Guise, les pages suivantes touchant la confirmation scientifique de la loi de Vie et Travail à laquelle Godin aspirait, la Science pouvant seule aujourd'hui, nous semble-t-il, amener les esprits à un même concept d'Unité.

2. — Leçons de la Science confirmant l'idéal philosophique et social de J.-B. A. Godin.

A. — Vie : force, matière. Synthèse mathématique et dynamique.

Au moment où nous préparons ces pages, fin de l'année 1900, paraissent les **Rapports (1) présentés au Congrès international de Physique** *réuni à Paris en 1900, sous les auspices de la Société française de Physique, » rassemblés et publiés par Ch.-Ed. Guillaume et L. Poincaré, secrétaires généraux du Congrès.*

Il est tout indiqué que nous recourrions d'abord à ces Documents. En effet, le but poursuivi par les organisateurs de ce premier Congrès international de Physique a été de tracer, à grands traits, au seuil du vingtième siècle, « le tableau (2) des idées et des hypothèses par lesquelles on cherche aujourd'hui à expliquer la constitution de la nature et les lois qui la régissent.

« Alors même » disent les savants secrétaires du Congrès « que, suivant le cours ordinaire des choses,

(1) Gauthier-Villars, Imprimeur-libraire, quai des Grands-Augustins, 55, Paris.

(2) Premier volume des *Rapports*. Pages V et s.

les années futures viendraient à bouleverser complètement nos manières de voir actuelles, il semble utile de marquer l'étape atteinte aujourd'hui par l'esprit humain dans son éternel voyage à la recherche de la vérité; aussi bien une partie de l'œuvre, au moins, ne sera pas soumise à la fluctuation des idées, car si les hypothèses passent, les faits demeurent.... »

Une synthèse peut-elle maintenant se dégager de ces faits? La question a été touchée, avant la réunion du Congrès, dans l'article indicatif des Mémoires ou Rapports demandés à d'illustres savants en chacune des branches principales de la Physique. Dans cet article intitulé : « Le prochain Congrès international de Physique » (1), par MM. Ch.-Ed. Guillaume et L. Poincaré, on lit :

..... « Si de la comparaison entre les résultats de si beaux efforts faits dans tant de directions différentes pouvait résulter une synthèse, il semble bien qu'elle devrait être une soudure entre les travaux qui sont venus nous renseigner sur la matière et ceux qui, au contraire, nous apprennent de mieux en mieux quelle doit être la constitution de cet éther qui transmet les actions lumineuses, calorifiques et électriques. Ce sont les relations qui existent entre l'éther et la matière qui paraissent encore mal connues, et ce sont précisément ces relations qui paraissent devoir expliquer la plupart des phénomènes qui restent encore mystérieux. Certes, le Congrès ne pourra pas résoudre une question si vaste, mais, en tout cas, une contribution capitale à l'étude du problème lui est réservée; celui que tous les physiciens du monde sont unanimes à

---

(1) *Revue générale des Sciences pures et appliquées*, numéro du 30 mai 1900. Editeurs : Armand Colin et Cie, 5, rue de Mézières, Paris.

reconnaître comme leur maître, Lord Kelvin, a bien voulu écrire pour le livre des Rapports un mémoire sur les conditions de la formation des ondes de l'éther, par le déplacement de la matière pondérable, et le caractère non oscillatoire de ces ondes pour des vitesses de déplacement inférieures à celles de la lumière. »

Le Mémoire ainsi annoncée figure en tête du deuxième volume des *Rapports*.

Il est complété par une addition qui est, disent les organisateurs du Congrès (1), « le résumé de l'admirable conférence que l'illustre physicien a bien voulu faire devant le Congrès. »

Le travail de Lord Kelvin (William Thomson) est donc, sinon une synthèse, au moins une hypothèse embrassant l'ensemble des faits acquis en Physique et indiquant l'orientation qui en résulte.

Avant d'aborder ce travail, nous aurons à voir quelques-uns des faits les plus directement rattachés à notre objet et dont les conséquences immédiates appellent, pour ainsi dire, l'hypothèse présentée par Lord Kelvin.

Cette indication donnée dans la mesure la plus stricte possible, — car l'obligation de nous borner est ici de rigueur, — nous recourrons au mémoire intitulé : « *Relations* (2) *entre la Physique expérimentale et la Physique mathématique* », par M. Henri Poincaré, Membre de l'Institut et du Bureau des Longitudes, Professeur à la Sorbonne.

« La généralisation atteignant (3) », selon les termes des secrétaires du Congrès, « son expression la plus haute dans la forme mathématique », ce mémoire

---

(1) Premier volume des *Rapports*. Pages X.
(2) » » » Pages 1 à 29.
(3) Premier volume des *Rapports*. Page IX.

nous donnera la conclusion la plus générale possible dans l'état présent des connaissances.

L'affirmation du principe d'Unité par les lois de causalité et continuité, sera le mot de ces citations. Orientés ainsi par la Science vers la synthèse à la fois mathématique et dynamique, nous demanderons au philosophe Kant **(Critique de la raison pure** (1)**)**, ses enseignements sur cette synthèse et, enfin, nous viserons, mais en quelques mots seulement, d'autres travaux de savants illustres venant à l'appui de ces données.

Ceci dit, abordons notre sujet.

Tout le monde a entendu parler du quatrième état de la matière, l'état ultra gazeux (2), ou radiant, ou cathodique, découvert, il y a plus de vingt ans, par William Crookes.

Les études n'ont cessé de se poursuivre en cette voie. Elles ont donné lieu au dépôt d'un mémoire présenté au Congrès international de Physique, par J. J. Thomson, mémoire où l'état en question est dénommé *état corpusculaire*.

Le travail de J. J. Thomson (traduit de l'anglais, par P. Langevin, Préparateur à la Sorbonne) est intitulé : « *Indications relatives à la constitution de la matière fournies par les recherches récentes sur le passage de l'électricité à travers les gaz* (3) ».

Des faits reproduits par tout un groupe de savants de divers pays sont d'abord exposés, puis vient une hypothèse édifiée par l'auteur, de concert avec William Crookes. Voyons d'abord les faits.

---

(1) Traduit de l'allemand, par Jules Barni, 1869. Editeur : Germer-Baillère, rue de l'Ecole de Médecine, 17, Paris.

(2) *Revue générale des Sciences pures et appliquées*, numéros des 30 mars et 15 avril 1891.

(3) Troisième volume des *Rapports*. Pages 138 à 151.

Il est établi *expérimentalement*, qu'au-delà des états solide, liquide, gazeux, la matière, spécialement dans les rayons cathodiques, tubes à vide, métaux éclairés par la lumière ultra-violette, fils incandescents, substances radio-actives, etc., se présente sous un état unitaire; les corpuscules constituant cet état ayant : 1° une masse invariable de quelque substance qu'ils proviennent et de quelque manière qu'on les ait produits; 2° portant une même charge fixe d'électricité négative.

J. J. Thomson désigne sous le terme *état corpusculaire* ce quatrième état où la matière passe à un mode unitaire. Il considère cet état comme produit par « la dissociation des molécules ordinaires de la substance en corpuscules extrêmement petits, électrisés négativement, et en parties électrisées positivement qui restent après qu'un corpuscule a été détaché d'une molécule. »

Il écrit (p. 141) : « Les corpuscules sont dispersés dans la masse du métal et peuvent s'y mouvoir librement. »

Leur masse est extrêmement petite, le millième environ de celle de l'atome d'hydrogène, « la plus petite masse considérée jusqu'ici en physique. » (p. 139.)

Pour avoir une idée de la petitesse ainsi indiquée, il faut savoir que dans le cas de certaines substances radio-actives (Voir troisième volume des *Rapports*, le mémoire intitulé : « *Sur le rayonnement de l'uranium et sur diverses propriétés physiques du rayonnement des corps radio-actifs* », par Henri Becquerel, membre de l'Institut, p. 47 à 78), l'énergie rayonnée par la partie déviable (c'est-à-dire celle composée de corpuscules négatifs) est tellement faible, que la perte de masse due à la matière transportée serait de 1^{mg} par centimètre carré de surface rayonnante en un milliard d'années!

« L'état corpusculaire » écrit J. J. Thomson (p. 140) « semble en réalité fournir une représentation moderne du fluide électrique dans la théorie d'un seul fluide. »

La résolution de la matière en particules actives était un fait déjà exprimé par la théorie des *ions*, dite aussi théorie de Lorentz. En effet « cette théorie voit, dans tous les corps, de petits éléments moléculaires chargés d'électricité — les *ions* — et rattache tous les processus électriques à l'équilibre et au mouvement de ces *ions*. » (P. Zeeman, *Revue générale des Sciences pures et appliquées*, numéro du 15 avril 1897, p. 298).

Mais « les *ions* (1) multiples ou sous-multiples de l'atome, transportant des charges négatives ou positives » ne sont pas identiques entre eux; ils diffèrent selon la substance qui les a fournis; tandis que les corpuscules — éléments constituants de l'état ultra-gazeux dit corpusculaire — sont identiques, nous le répétons, comme masse et comme charge, de quelque substance qu'ils proviennent.

C'est la démonstration de la résolution de la matière en particules actives, avec ce trait essentiel qu'à l'état corpusculaire, la matière dégagée de toute différentiation se présente sous un mode unitaire.

Mais ce n'est pas tout, ce mode est tellement raréfié, que c'est à peine — nous venons de le voir — s'il tombe encore sous nos moyens de mesure et que le savant y voit « une représentation moderne du fluide électrique, dans la théorie d'un seul fluide. ».

Cette évolution transcendantale est d'une telle portée

---

(1) Mémoire déposé par M. Henri Becquerel, troisième volume des *Rapports*, p. 58.

philosophique que nous croyons devoir donner les citations suivantes.

Consultons d'abord J.-J. Thomson :

« Je me propose, dans ce Mémoire, » écrit-il (troisième volume des *Rapports*, p. 138) « de discuter, au point de vue de nos idées sur la constitution de la matière, les conséquences des expériences récentes sur la nature des rayons cathodiques et sur la charge portée par un ion dans un gaz. Les expériences dont je veux parler sont les suivantes :

« En mesurant la déviation des rayons cathodiques par les forces électrique et magnétique, j'ai déterminé la valeur du rapport $\frac{e}{m}$ pour les particules qui constituent les rayons cathodiques, e étant la charge et m la masse d'une de ces particules cathodiques (1), et j'ai trouvé que ce rapport est beaucoup plus grand que le rapport de la charge d'un ion hydrogène, dans l'électrolyse des liquides, à la masse d'un atome d'hydrogène : le premier rapport vaut environ 10^7, le second environ 10^4, quand e est mesuré en unités électromagnétiques. Ce résultat a été confirmé par les expériences de Lenard (2) et de Kaufmann (3).

« J'ai mesuré ensuite la valeur de e et j'ai montré qu'elle est indépendante de la nature du gaz dans lequel l'ion est produit, j'ai ainsi obtenu pour e la valeur $6 . 10^{-10}$ en unités électrostatiques, qui est du même ordre que celle de la charge d'un ion d'hydrogène dans l'électrolyse des liquides (4).

« Ce résultat a été confirmé par Townsend (5) qui a employé une méthode donnant directement le rapport

(1) J. J. Thomson, *Philosophical Magazine*, t. XLIV, p. 293 ; 1897.
(2) Lenard, *Wiedemann's Annales*, t. LXIV, p. 279 ; 1898.
(3) Kaufmann, *Wiedemann's Annales*, t. LXV, p. 431 ; 1898.
(4) J. J. Thomson, *Philosophical Magazine*, t. XLVI, p. 528 ; 1898.
(5) Townsend, *Philosophical Transactions*, t. CXCIII, p. 129 ; 1896.

de la charge de l'ion, produit dans ses expériences par les rayons Röntgen ou la lumière ultra-violette, à la charge de l'ion hydrogène dans l'électrolyse des liquides : il a trouvé que ces deux charges sont identiques.

« Connaissant ainsi $\frac{e}{m}$ et e, nous trouvons la valeur de m, et cette valeur est très petite (environ $\frac{1}{1000}$) par rapport à la masse de l'atome d'hydrogène, la plus petite masse considérée jusqu'ici en Physique.

« Ainsi l'étude du passage de l'électricité à travers les gaz, conduit à reconnaître la possibilité de l'existence d'un nouvel état de la matière, qui ressemble aux trois autres états, solide, liquide et gazeux, en ce sens qu'il est constitué par un grand nombre de petites particules identiques, que nous appellerons *corpuscules*, mais qui diffère de la matière ordinaire, où les molécules ont des masses variables avec la nature de la substance, en ce que les corpuscules ont une masse invariable, de quelque substance qu'ils proviennent, et de quelque manière qu'on les ait produits, cette masse étant le millième environ de celle d'un atome d'hydrogène. Chacun de ces corpuscules porte une charge fixe d'électricité négative. Il semble que ce soit toujours l'électricité négative que l'on trouve associée à la matière dans cet état, l'électricité positive semblant toujours s'attacher à la matière ordinaire. Ainsi Wien (1) a mesuré les valeurs de $\frac{e}{m}$ pour les particules positives dans un tube à vide, en même temps que j'ai fait la même détermination pour les ions positifs produits par un fil métallique incandescent dans un gaz à très basse pression (2) : les valeurs ainsi obtenues sont beaucoup moindres que celles trouvées pour les corpuscules, ce

(1) Wien, *Wiedemann's Annales*, t. LXV, p. 440 ; 1898.

(2) J.-J. Thomson, *Philosophical Magazine*, t. XLVIII, p. 547 ; 1899.

rapport $\frac{e}{m}$ étant ici du même ordre que dans l'électrolyse. L'état corpusculaire semble en réalité fournir une représentation moderne du fluide électrique dans la théorie d'un seul fluide.

« L'existence de matière à l'état corpusculaire ne se manifeste pas seulement dans les cas où la matière a été soumise à des champs électriques intenses, comme dans la production des rayons cathodiques ou des rayons de Lenard. J'ai trouvé de la matière dans cet état au voisinage d'une plaque métallique éclairée par la lumière ultra-violette et aussi au voisinage d'un filament de charbon incandescent dans un vide très élevé, tandis que les résultats remarquablement intéressants des expériences faites par M. Becquerel (1), M. et Mme Curie (2) et M. Giesel (3) sur les déviations électrique et magnétique des rayons du radium, et le fait que M. Becquerel trouve pour ces rayons la même valeur de $\frac{e}{m}$ que pour les corpuscules, montrent que, dans ce cas aussi, nous avons de la matière à l'état corpusculaire. »

Plus loin, développant l'hypothèse basée sur la constatation de cet état, J. J. Thomson écrit (p. 140) :

« ..... La présence de matière à cet état dans les métaux et dans d'autres substances peut être considérée comme due à la dissociation des molécules ordinaires de la substance en corpuscules extrêmement petits électrisés négativement, et en parties électrisées positivement qui restent après qu'un corpuscule a été détaché d'une molécule.

---

(1) Becquerel, *Comptes rendus*, t. CXXIX, p. 996 ; décembre 1899 — — *Journal de Physique*, avril 1900.

(2) Curie, *Comptes rendus*, nov., déc. 1899 et *Rapport*, p. 79, tome 3me des Rapports présentés au Congrès international de Physique, Paris, 1900.

(3) Giesel, *Wiedemann's Annalen*, t. LXIX, p. 834 ; 1899.

« Le nombre des corpuscules libres qui existent à chaque instant dans 1^{cm^3} de la substance, résulte d'un équilibre dynamique entre la recombinaison des corpuscules avec les molécules électrisées positivement, qui diminue le nombre des corpuscules, et la dissociation des molécules neutres qui conduit à la formation de nouveaux corpuscules...

« Dans les substances où la dissociation corpusculaire se produit, nous avons : 1° des corpuscules électrisés négativement qui peuvent se mouvoir librement d'un point à un autre ; 2° les molécules électrisées positivement qui se meuvent beaucoup moins facilement, mais que, d'après des expériences récentes sur la diffusion d'un métal au travers d'un autre, nous ne pouvons pas regarder comme absolument immobiles.

« Les corpuscules, bien que se mouvant librement à l'intérieur de la substance, n'en sortent pas, à moins que leur énergie cinétique ne dépasse une certaine limite, puisqu'un travail est nécessaire pour séparer un corps chargé d'un conducteur.

« Les corpuscules sont dispersés dans la masse du métal et peuvent s'y mouvoir librement; quand une force électrique agit sur eux, ils se meuvent dans la direction opposée à celle de la force, puisqu'ils sont chargés négativement; le mouvement de ces corpuscules fait passer une certaine quantité d'électricité à travers une surface quelconque tracée dans la substance. Les corpuscules transportent le courant, et c'est à leur présence qu'est due la conductibilité des métaux. S'ils passent d'un point à température élevée à un autre point où la température est plus basse, ils apportent de l'énergie avec eux, et peuvent ainsi être regardés comme créant la conductibilité thermique aussi bien que la conductibilité électrique. »

Suivent des calculs concernant les conductibilités thermique et électrique, la proportion de matière à l'état corpusculaire dans les métaux (où nous relevons ce trait que chaque molécule de bismuth subirait la dissociation moléculaire environ quarante millions de fois par seconde en moyenne) ; puis des réflexions touchant l'action d'un champ magnétique sur les mouvements des corpuscules, etc., etc. ; enfin, le Rapport se termine par des équations différentielles déterminant la distribution des corpuscules dans le métal.

J.-J. Thomson loin de penser qu'en outre de la conductibilité, toutes les propriétés électriques des métaux peuvent être expliquées par les corpuscules, dit nettement : (p. 149) «.... il faut tenir compte d'autre chose que des corpuscules. Le professeur Lodge a émis dans ce cas (phénomène de Hall, etc.) l'hypothèse de corpuscules positifs ; nous n'avons cependant aucune preuve directe de leur existence, tandis que nous en possédons dans le cas des corpuscules négatifs. »

Autre Mémoire. Celui-ci intitulé : *Les rayons cathodiques* (tome 3e, p. 115 à 137) est dû à P. Villard, docteur ès-sciences. Ce travail avait été annoncé comme suit dans l'article-programme (1) du Congrès :

«...... On sait comment l'étude de cette décharge (la décharge électrique) dans les gaz raréfiés a conduit sir William Crookes à la découverte des rayons cathodiques. Quelles sont leurs propriétés reconnues aujourd'hui comme certaines, comment se comportent-ils dans un champ électrique, dans un champ magnétique ; quelles sont les circonstances de leur production ; quelles hypothèses peut-on faire sur leur nature et quel est le degré de probabilité de ces hypothèses ?

(1) *Revue générale des Sciences pures et appliquées*, numéro du 30 mai 1900.

Voilà des questions qu'il sera fort intéressant de mettre au point, car il n'est pas sans doute de littérature plus étendue que celle écrite depuis quelques années sur ce sujet. Le travail de révision qui s'imposait devait être confié à un savant particulièrement compétent : c'est M. Villard, si connu par tant d'ingénieuses expériences, qui a bien voulu se charger de le faire. »

Ouvrons le dit Rapport.

M. Villard y relève les expériences de physiciens de tous pays, il montre comment ont été déterminées les propriétés des rayons cathodiques : phénomènes de phosphorescence; propagation rectiligne; effets mécaniques; effets calorifiques (où nous lisons : « D'après l'action produite sur un morceau de diamant, M. Moissan admet que la température ainsi réalisée atteint 3600° ; mais il ne semble pas qu'on puisse fixer une limite à l'élévation de température déterminée par le choc des rayons cathodiques contre un obstacle »); émission de rayons Röntgen ; effets chimiques (parmi lesquels l'action réductrice très-nettement constatée dans certaines expériences indiquées par l'auteur) ; déviation magnétique (dont le sens est celui qu'on pouvait mathématiquement prévoir) ; déviation électro-statique (où les résultats du calcul ont aussi été confirmés par l'observation) ; absence d'action réciproque entre deux rayons (ce qu'on peut expliquer, dit M. Villard, en admettant « que les particules électrisées en mouvement se suivent à des distances très-grandes comparées à leur rayon d'action sensible »); électrisation des rayons mêmes démontrée rigoureusement par M. J Perrin, (*Annales de Chimie et de Physique*, 7e série, t. XI, p. 503; 1897); électrisation des tubes à décharges; vitesse des rayons cathodiques, section au cours de laquelle, après l'exposé des expérience de M. Wiechert, nous lisons :.........

« On peut donc considérer comme démontré que le rapport $\frac{e}{m}$ est constant et que sa valeur est environ *mille fois* plus grande que dans l'électrolyse, soit cent millions de coulombs par valence-gramme. D'autre part la valeur de v » (vitesse cathodique) « est de l'ordre du dixième de celle de la lumière, soit mille fois la vitesse de la Terre sur son orbite.

« Dans des recherches récentes, M. J. J. Thomson a retrouvé la même valeur du rapport $\frac{e}{m}$ pour la convection photo-électrique.

« Considérons maintenant que, d'après M J.. J. Thomson, la déviation magnétique ou électrique est indépendante de la nature du gaz et liée seulement au potentiel de décharge, que cette déviation ne dépend d'autre part que de v puisque $\frac{m}{e}$ est constant, nous arrivons à cette conclusion que v est indépendant de la nature du gaz : autrement dit, nous retrouvons sous une forme plus précise cette idée de Sir W. Crookes que les phénomènes cathodiques sont les mêmes dans tous les gaz et par suite que les particules cathodiques sont constituées par une matière unique ayant, dans ces conditions, un équivalent électrochimique mille fois plus petit que l'hydrogène. »

Poursuivant l'examen des propriétés des rayons cathodiques, M. P. Villard expose les phénomènes de : dispersion magnétique et électrique ; diffusion, émissions secondaires ; passage des rayons au travers des lames minces ; Kanalstrahlen (rayons nouveaux découverts par M. Goldstein) ; surfaces interférentielles de M. Jaumann ; rayons cathodiques non déviables ; formation et émission ; enfin, il termine son travail par la section intitulée : « *Nature de la matière radiante.* »

Nous la donnons in-extenso :

« Les phénomènes de réduction déjà observés avec

les rayons cathodiques, la réduction du cristal par exemple, s'obtiennent également avec l'afflux cathodique (cathode à partie centrale en cristal) et avec les Kanalstrahlen.

» Si l'on remarque en même temps que les phénomènes cathodiques sont indépendants de la nature du gaz contenu dans les ampoules, qu'en particulier le rapport $\frac{e}{m}$ est invariable, on est conduit à admettre l'unité de la matière radiante. Or, l'hydrogène est le seul gaz simple réducteur connu ; c'est précisément celui dont le spectre est toujours, et souvent seul, visible dans la couche luminescente qui marque l'arrivée de l'afflux à la cathode : cet élément se distingue déjà par des propriétés toutes particulières, telles que de pouvoir traverser les métaux chauffés au rouge. En attendant qu'au autre gaz simple réducteur soit découvert, on peut considérer comme acceptable l'hypothèse que l'hydrogène constitue la matière radiante. »

Observons que M. P. Villard a reconnu avec J. J. Thomson que les particules cathodiques ont un équivalent électro-chimique mille fois plus petit que l'hydrogène.

La proposition de P. Villard évoque une appréciation de A. Etard, examinateur à l'Ecole polytechnique, qu'il nous paraît intéressant de reproduire ici.

Dans la « *Revue générale des Sciences pures et appliquées,* » (numéro du 30 septembre 1899), M. A. Etard chargé de la Revue annuelle de chimie, écrit p. 708 :

« L'hydrogène vient d'être solidifié par Dewar à 263° au-dessous de zéro. Depuis vingt ans les physiciens s'avancent vers le nombre — 273° du zéro absolu avec autant de persévérance que les géographes vers le pôle. Et, dans les deux cas, on touche au but. L'hydrogène solide n'est pas cette grenaille métallique que l'on pensait ; il ressemble fort à de la glace qui, au lieu d'un kilogramme, ne pèserait que 70 grammes par litre, ainsi que du coton. Par cet élément les corps simples tendraient-ils vers l'immatérialité , vers quelque limite d'équilibre inconnu où la substance chimique trouve une équivalence physique? »

M. A. Etard ne donnait cela que comme « une conjecture inoffensive, » la voilà qui prend un caractère tout spécial avec les expériences récentes touchant l'état corpusculaire, où la matière : 1° se résoud en corpuscules identiques ayant un équivalent électro-chimique du millième de l'hydrogène ; 2° fournit, selon l'expression de J. J. Thomson , « une représentation moderne du fluide électrique dans la théorie d'un seul fluide, » autrement dit, trouve une équivalence physique.

Cette évolution transcendantale de la matière vers la force, ou du mode-effet vers le mode-cause appelle quelques développements.

Deux aspects du sujet sont à dégager d'abord :

1° L'électricité est de l'énergie agissant comme force ou cause productive de mouvement sur la matière proprement dite. Relativement à l'électricité mode producteur de mouvement, la matière est le mode mû , le mode effet.

2° La matière se résolvant en éléments moléculaires électrisés — ions à un certain degré de dissociation, corpuscules à un autre degré, — se révèle comme ayant (expression de W. Crookes au Congrès de l'association britannique pour l'avancement des sciences, Bristol, septembre 1898), un « *substratum ionique* » ou un support dynamique, ou encore comme étant la fonction continue d'une cause.

En résumé les deux modes : (matière, force) distincts par la loi de causalité et un par la loi de continuité, se résolvent en unité.

Il reste à concilier le fait d'évolution transcendantale avec le principe de conservation de la matière ou des poids atomiques qui n'a cessé d'être vérifié depuis Lavoisier. Si, dans ses évolutions indéfinies, le mode pondérable passe à l'impondérable, n'y aura-t-il pas violation de ce principe?

Nullement, si comme l'a exposé, dès 1863, le grand chimiste Berthelot, une compensation continue existe entre ces deux modes. Reportons-nous à l'hypothèse présentée il y a presque un demi-siècle par l'illustre savant (1). Dans cette hypothèse l'éther est conçu comme ensemble de toutes les propriétés connues et à connaître, lesquelles se manifestent à nous sous certains états d'équilibre stable ou condensations de la substance éthérée. Ces états d'équilibre stable ont pour nous un poids atomique et constituent ce que nous appelons corps simples.

Une compensation exacte continue entre les propriétés en manifestation et celles non manifestées maintient sans cesse le poids atomique, tout en assurant l'évolution indéfinie de la substance.

* * *

Toutes les variétés de matière, venons-nous de voir, se présentent sous un mode unique à l'état corpusculaire, et passent alors au mode force. Les diverses forces, à leur tour, aboutissent-elles à un mode unique?

« Le problème de l'unité des forces physiques » a dit (2) dans son discours inaugural du Congrès international de Physique, M. A. Cornu, président du Congrès, « ... s'est imposé à nouveau depuis les grandes décou-

(1) Berthelot. *Leçons sur l'Isomérie* 1863 (Hachette). — *Essai de mécanique atomique*, 1879 (Dunod).

(2) *Revue générale des Sciences pures et appliquées*, numéro du 15 août 1900.

vertes qui ont signalé la fin de ce siècle : aussi la préoccupation constante de nos maîtres modernes, Faraday, Maxwell, Hertz (pour ne parler que des illustres disparus), consiste-t-elle à préciser la nature, à deviner les propriétés de cette *matière subtile* réceptacle de l'énergie universelle, à rechercher les lois de ses mouvements intimes afin d'expliquer l'emmagasinement, la transmission et le partage de l'énergie dans ses manifestations extérieures... »

Le lecteur rapprochera de nos conclusions précédentes ces expressions si parfaitement concordantes et suggestives : Emmagasinement, transmission, partage de l'énergie *dans ses manifestations extérieures*, toujours l'effet fonction continue d'une cause ; c'est-à-dire causalité et continuité dans l'unité.

Poursuivons :

L'illustre mathématicien Henri Poincaré, dans le Mémoire (1) qu'il a présenté au Congrès international de Physique, parlant des anciens fluides, calorique, électricité, etc., qu'on a abandonnés « quand on a eu », dit-il, « un sentiment plus vif de l'unité de la nature, et qu'on a aperçu les relations intimes qui en relient toutes les parties », ajoute :

« ..... Et notre éther existe-t-il réellement ?

« On sait d'où nous vient la croyance à l'éther. Si la lumière nous arrive d'une étoile éloignée, pendant plusieurs années elle n'est plus sur l'étoile et elle n'est pas encore sur la terre ; il faut bien qu'alors elle soit quelque part et soutenue, pour ainsi dire, par quelque support matériel.

« On peut exprimer la même idée sous une forme plus mathématique et plus abstraite. Ce que nous

(1) Premier volume des *Rapports*, p. 1 à 29.

constatons, ce sont les changements subis par les molécules matérielles; nous voyons, par exemple, que notre plaque photographique éprouve les conséquences des phénomènes dont la masse incandescente de l'étoile a été le théâtre plusieurs années auparavant. Or, dans la Mécanique ordinaire, l'état du système étudié ne dépend que de son état à un instant immédiatement antérieur; le système satisfait donc à des équations différentielles. Au contraire, si nous ne croyons pas à l'éther, l'état de l'univers matériel dépendrait non-seulement de l'état immédiatement antérieur, mais d'états beaucoup plus anciens; le système satisferait à des équations aux différences finies. C'est pour échapper à cette dérogation aux lois générales de la Mécanique que nous avons inventé l'éther. »

« Souvent », avait-il dit, précédemment, dans son mémoire « ... on regarde l'éther comme la seule matière primitive ou même comme la seule matière véritable. Les plus modérés considèrent la matière vulgaire comme de l'éther condensé, ce qui n'a rien de choquant;... »

Prenons note de cette parole; car c'est précisément à l'éther ce « réceptacle de l'énergie universelle » (expression de M. A. Cornu), à l'éther condensé ou raréfié par les électrons (atomes d'électricité) que le grand physicien, Lord Kelvin, va nous conduire. Un mot encore :

La théorie électro-magnétique de la lumière est évoquée par l'illustre savant à la première page de son travail pour préciser la position de son problème. Il est donc intéressant de rappeler ici que cette même théorie a entraîné déjà celle des *ions*.

M. H. A. Lorentz, Professeur à l'Université de Leyde, dans le Mémoire qu'il a présenté au Congrès (*Théorie des phénomènes magnéto-optiques récemment découverts*, tome 3ᵉ, p. 1 à 33), écrit :

« ...Elle » (la théorie des *ions*) « s'était imposée à nombre de physiciens, dès que la théorie électro-magnétique de la lumière eût été posée sur des bases solides. En effet, d'après cette théorie, une molécule ou un atome qui émet de la lumière doit avoir une certaine ressemblance avec un excitateur de Hertz ; et sans doute l'excitateur le plus simple serait un corps doué d'une charge électrique et animé d'un mouvement de va et vient. On est ainsi amené à supposer que, dans chaque molécule rayonnante, il existe une ou plusieurs particules chargées, capables de vibrer autour d'une position d'équilibre ; ces *ions* ou *électrons* donneront lieu à des ondes électromagnétiques se propageant dans l'éther. Réciproquement, ils pourront être mis en mouvement par des oscillations électromagnétiques provenant d'une source extérieure. On sait combien cette hypothèse des ions contenus dans tous les corps pondérables a été rendue probable par plusieurs phénomènes d'une autre nature, notamment par ceux de la décharge électrique dans les gaz raréfiés. »

Passons au mémoire présenté par Lord Kelvin.

« La théorie *électro-magnétique de la lumière* », écrit-il en renvoi au bas de la première page (1), « ne repose pas sur d'autres bases que l'ancienne théorie ondulatoire. Elle ajoute à cette théorie une région immense, d'une importance et d'un intérêt transcendants ; elle nous demande non-seulement d'expliquer toutes les propriétés de la lumière et de la chaleur rayonnante par des vibrations transversales du solide élastique appelé *éther*, mais encore d'embrasser les courants électriques, l'aimantation permanente de l'acier et des

(1) Deuxième volume des *Rapports* présentés au Congrès, p. 1 à 22.

aimants naturels, la force magnétique et la force électrostatique dans une dynamique générale de l'éther. »

Ces paroles nous montrent que Lord Kelvin considère, lui aussi, l'éther comme réceptacle de l'énergie universelle, puisqu'il s'agit d'expliquer par ses vibrations toutes les propriétés de la lumière, de la chaleur rayonnante, etc., etc.

Le travail du savant est intitulé : « *Sur le mouvement d'un solide élastique traversé par un corps agissant sur lui par attraction ou répulsion.* » (Tome 2, 1re p.)

Le travail complet : *Rapport* et *Addition* comprend 22 numéros se renvoyant les uns aux autres. Les numéros 1 à 18 se réfèrent au « problème abstrait de Dynamique purement mathématique » (nº 1) indiqué par le titre du rapport. Les numéros 19 à 22 contiennent le résumé des additions au rapport faites oralement par l'auteur lors de sa conférence au Congrès de Physique, Paris, 8 août 1900.

L'auteur signale dès le début que ce dont il s'agit « est un problème abstrait de Dynamique purement mathématique, sans rien qui indique une idée d'application physique, » et continue : « Si je m'en suis occupé et si je le présente au Congrès de Physique, c'est parce qu'il suggère une explication concevable de la difficulté la plus sérieuse qu'ait présentée jusqu'ici la théorie ondulatoire de la lumière, je veux dire le mouvement de corps pondérables à travers un espace infini occupé par un solide élastique. »

Quelques conditions sont précisées comme points de départ des calculs :

Ainsi il est admis, dès le numéro 2, que l'éther a de la densité. De même, il est spécifié que le mot atome désignera « une substance idéale occupant un volume donné indéformable et agissant sur l'éther intérieur et extérieur par attraction et répulsion conformément aux vieilles idées qui avaient cours au XVIIIe siècle.» Il faut imaginer que le volume total de cet atome soit divisé en éléments infinitésimaux les uns positifs, les autres négatifs (n°s 2 et 4.)

Enfin, l'auteur admet (n° 5) « *que la distribution des densités positives et négatives de l'atome et la loi de compressibilité de l'éther soient telles, que la densité moyenne de l'éther à l'intérieur de l'atome ne diffère pas de la densité qu'a l'éther dans la région extérieure à la perturbation. Ainsi* », poursuit-il, « *les attractions et les répulsions de l'atome dirigées suivant des rayons, produisent, à diverses distances du centre, des condensations et des raréfactions de l'éther, sans changer la quantité totale d'éther incluse dans le volume de l'atome, ni causer, par suite, de perturbation extérieure de l'éther.* »

Bien remarquer que toute cette partie soulignée par nous et, conséquemment, ce qui est dit touchant le volume indéformable de l'atome ne résistent pas aux calculs. L'auteur proposera finalement (n° 20) une classe spéciale d'atomes, les *électrons* « qui, dit-il, n'obéissent pas à la « condition formulée aux lignes » ci-dessus. Il faut donc renverser les termes et concevoir que les atomes proposés par Lord Kelvin causeront des pertubations extérieures dans l'éther, par suite des actions qu'ils exerceront : l'électron positif (n° 20) condensant « l'éther dans l'espace qu'il occupe »; l'électron négatif raréfiant « l'éther subsistant à l'intérieur du volume qu'il occupe. » Le volume de ces atomes ne sera donc pas fixe puisqu'il y aura des modifications de la quantité d'éther incluse dans ce volume. De même nous verrons que la densité de l'éther à l'intérieur de l'atome pourra différer (n° 17) beaucoup de la densité de l'éther libre.

Enfin, touchant cette dernière densité, les calculs amèneront le savant à proposer (nº 22) de la fixer à 10^{-9}.

Revenons au problème :

Les deux principales questions cinématiques sont d'abord examinées et résolues :

1º Trouver l'orbite d'une particule d'éther déplacée par l'atome en mouvement, relativement à l'éther environnant supposé fixe ;

2º Déterminer la trajectoire de la particule d'éther à travers l'atome supposé fixe, tandis que dans tout l'espace extérieur l'éther est supposé animé d'un mouvement de translation.

Viennent ensuite, avec leurs réponses, les deux questions dynamiques correspondantes :

1º Quelle est l'énergie cinétique totale de la portion d'éther qui est à chaque instant à l'intérieur de l'atome dans le cas de l'atome mobile et de l'éther immobile autour de lui ?

2º Dans le cas de l'atome au repos et de l'éther animé d'un mouvement qui soit une translation à l'extérieur de l'atome et qui soit, à l'intérieur, dirigé suivant les lignes de flux courbes avec les vitesses variables indiquées, (sur une des figures du travail), de combien l'inertie effective de la portion d'éther contenant l'atome surpassera-t-elle l'inertie simple d'un égal volume d'éther libre ?

Ces calculs amènent le savant à conclure, ainsi que nous l'avons dit plus haut, en faveur d'une classe spéciale d'atomes, les atomes d'électricité, qu'il dénomme, avec M. Larmor, *électrons*.

Nous lisons au nº 20 :

« Un *électron positif* (1) serait un atome qui par

(1) « Il semble probable, » dit en renvoi Lord Kelvin (tome 2, page 20),

attraction condense l'éther dans l'espace qu'il occupe ; un *électron négatif* serait un atome qui, par répulsion, raréfie l'éther subsistant à l'intérieur du volume qu'il occupe. »

Cette diversité d'action : attraction ou répulsion chez l'atome d'électricité relativement à l'éther — à l'éther réceptacle de toutes les propriétés de la lumière, de la chaleur, etc. — apparaît-là comme une sorte de conscience, chez l'électron, de son état d'être relativement à l'éther qu'il lui plaît de condenser ou de raréfier, en un mot comme un acte de vie.

Ne nous écartons pas du travail de Lord Kelvin.

« Les déformations, » continue-t-il, (n° 20) « produites dans l'éther à l'extérieur de deux atomes de cette espèce par les attractions ou les répulsions qu'ils exercent sur l'éther qui leur est intérieur détermineraient une attraction apparente entre un électron positif et un électron négatif et une répulsion apparente entre deux électrons à la fois positifs ou négatifs. Ces attractions et ces répulsions apparentes croîtraient beaucoup plus vite, quand la distance diminue, que ne le voudrait la loi de l'inverse du carré de Newton. Cette loi, qui, comme Coulomb et Cavendish nous l'ont appris, régit aussi les attractions et répulsions électriques, ne peut être expliquée par une déformation d'un éther possédant les propriétés élastiques des solides réels ou des corps hypothétiques imaginés jusqu'ici. Mais on l'explique parfaitement dans une hypothèse très simple, en admettant une action à distance entre les différentes parties de l'éther... »

« que cette électrisation est résineuse, mais elle pourrait être vitrée. Il ne faut pas oublier que si l'électricité vitrée est appelée positive, cela tient uniquement à ce qu'on la recueille sur le conducteur principal de la vieille machine électrique à plateau de verre. »

Ici, Lord Kelvin démontre par le calcul que deux masses d'éther occupant des volumes infinitésimaux (les électrons) se repousseront mutuellement ou s'attireront avec une force égale à leurs densités ; la force étant une attraction ou une répulsion suivant que les densités « sont de même signe ou de signe contraire ; elle est nulle, » dit-il, « quand l'une de ces quantités est nulle, c'est-à-dire que l'éther dont la densité a la valeur normale, n'éprouve ni attraction ni répulsion de la part d'une autre masse d'éther voisine ou éloignée.

« Cette théorie, » poursuit-il (nº 21) « ressemble beaucoup à la doctrine que professait Aepinus au milieu du XVIIIe siècle, et qu'on appelle généralement *théorie d'un fluide unique* ; mais ici au lieu d'un fluide électrique nous avons l'éther, qui est un solide élastique remplissant tout l'espace. Dans notre hypothèse actuelle, deux atomes électriques semblables se repoussent et des atomes électriques différents s'attirent, en vertu de *forces* qui s'exercent entre chaque atome et la masse d'éther qu'il renferme et en vertu de la répulsion ou de l'attraction de ces masses d'éther ; l'éther contenu dans l'espace qui les entoure et qui les sépare ne contribue en rien à l'action mutuelle. »

Lord Kelvin souligne le mot *forces* comme, aussi, ce que nous allons souligner nous-même dans la phrase suivante :

« Les déformations de l'éther sont ainsi déchargées de l'*impossible tâche de transmettre simultanément la force électrostatique et la force magnétique* ;... ». Le mot *forces* précédemment souligné exprime donc les forces électrostatiques, auxquelles s'appliquent (avons-nous lu au nº 20) « la loi de l'inverse du carré de Newton. » L'auteur continue en parlant des déformations de l'éther : « Nous pouvons bien imaginer qu'elles soient tout à fait aptes à s'acquitter du devoir plus simple de transmettre la force magnétique seule.

« Jusqu'ici » poursuit le savant, (n° 22), « un obstacle qui a paru insurmontable a empêché de développer cette idée et d'en déduire les conséquences pratiques, c'est la grandeur de la force qui s'exerce, dans beaucoup de cas bien connus d'attraction magnétique, entre des pôles de fer, qu'elle provienne d'aimants d'acier ou d'électro-aimants. Si l'on considère que nos expériences les plus délicates dans différentes branches de la Science nous montrent des corps pondérables, grands ou petits, mis en mouvement aisément par des forces inférieures au millième de la pesanteur (1) (*heaviness*) d'un milligramme, comment concevoir que l'éther à travers lequel ces corps se meuvent puisse présenter les déformations nécessaires à la transmission de forces qui, entre les pièces polaires planes d'un électro-aimant, peuvent dépasser deux cents (2) fois la pesanteur d'un kilogramme par centimètre carré ? Cette difficulté disparaît, si l'on admet l'hypothèse formulée au n° 2 de mon Rapport » (hypothèse d'une densité de l'éther). « Nous pouvons supposer la densité de l'éther aussi grande qu'il nous plaira, sous la seule condition qu'elle ne soit pas trop grande pour troubler sensiblement la

(1) « Je ne puis ici employer sans ambiguïté le simple mot *poids* (*weight*), qui signifie légalement *masse* et que l'on emploie plus souvent dans la pratique pour désigner une masse que la pesanteur d'une masse soumise à la gravitation. »

(2) « La force magnétique la plus intense qu'on ait mesurée jusqu'ici a, je crois, été observée par du Bois. (*Voir* le *Rapport* de M. du Bois, tome II) qui a trouvé 76,000 C. G. S. entre les deux petites faces planes terminales des pôles de fer doux d'un puissant électro-aimant. Ceci donne pour l'attraction mutuelle par centimètre carré des deux faces $\frac{76000^2}{8\pi}$ ou approximativement 23.10^7 dynes, soit 230 kilogrammes. »

proportionnalité de l'inertie effective à la gravité dans les différentes espèces de matières, telle qu'elle a été démontrée par les expériences de Newton, sur les pendules de plomb, de laiton, de verre, etc., et par son interprétation de la troisième loi de Képler. Nous pouvions probablement, si nous le voulions, admettre que la densité de l'éther atteint 10^{-6}. Je me contenterai, actuellement, de proposer 10^{-9}.

« La vitesse de la lumière étant de 300,000^{km} par seconde, la rigidité (qui est le produit de la densité par le carré de cette vitesse) se trouve égale à 9.10^{11} dynes par centimètre carré, ce qui dépasse un peu la rigidité de l'acier (7.10^{11}). Ce n'est donc pas le manque de force qui peut nous faire douter de l'aptitude de l'éther à transmettre les actions magnétiques. »

Enfin, il conclut :

« J'avoue que je me sens maintenant plein de l'espérance de voir résolues quelques-unes des autres difficultés formidables que l'on rencontre chaque fois que l'on tente d'expliquer l'isolement et la conduction électrique, la force électromagnétique et la force magnétique d'un aimant d'acier, par une action mécanique définie de l'éther. »

Au cours du travail et en signalant (nº 17) qu'il faudrait admettre que la condensation de l'éther au centre de l'électron positif pût être « bien supérieure à 100 fois la densité de l'éther libre pour donner une réfringence de l'ordre de celle de l'oxygène, » Lord Kelvin fait la réflexion suivante : « Il n'y a cependant pas de difficulté à admettre une condensation aussi élevée de l'éther par l'atome, si l'on regarde le problème qui nous occupe comme la base d'une hypothèse physique qui mérite considération. »

« Toutefois » poursuit-il (nº 18) « il y a une difficulté

grave, peut-être insurmontable, que je dois indiquer en terminant : Comment concilier notre hypothèse avec le résultat que l'éther, dans l'atmosphère terrestre, est immobile par rapport à la terre, résultat qui paraît établi par une admirable expérience conçue par Michelson et réalisée, avec le souci le plus sérieux d'atteindre une conclusion indiscutable, par lui et Morley (1)? Je ne vois, » poursuit Lord Kelvin, « rien d'attaquable dans l'idée, ni dans l'exécution de cette expérience. Peut-être, cependant, serait-il possible d'échapper à la conclusion qui semblait en résulter, grâce à une brillante hypothèse faite indépendamment par Fitzgerald (2) et par Lorentz (3), de Leyde, qui supposent que le mouvement de l'éther à travers la matière pourrait altérer légèrement ses dimensions linéaires; que les dimensions linéaires de la dalle de pierre qui constituait le support de l'appareil de Michelson et Morley soient réduites d'un cent millionnième (4) seulement dans la direction du mouvement, alors le résultat de l'expérience ne prouverait plus rien contre la liberté du mouvement de l'éther à travers l'espace occupé par la Terre. »

Le point capital pour notre objet dans les deux Documents présentés au Congrès par Lord Kelvin, nous paraît être celui-ci : Par la double action (condensation ou raréfaction) que le savant assigne aux électrons sur l'éther, il nous fait saisir la vie dans le mode force. Qu'est-ce, en effet, que cette augmentation ou diminu-

---

(1) *Philosophical Magazine*, décembre 1887.

(2) Leçons publiques au Trinitry Collège de Dublin.

(3) *Essai d'une théorie des phénomènes électriques et optiques dans les corps en mouvement*, Leiden, 1895.

(4) Ce nombre est le carré du rapport de la vitesse de la Terre autour du Soleil (30 km par seconde) à la vitesse de la lumière (300,000 km par seconde.)

tion de la valeur normale de la densité de l'éther par l'électron positif ou négatif, sinon une direction de l'énergie, une adaptation de l'éther à l'état propre de l'électron ; conséquemment un acte conscient, en un mot : la vie ? De même nous apparaissent conscientes de leurs différences essentielles ces forces électrostatiques montrées (numéros 20, 21) comme s'exerçant *à distance* entre les différentes parties de l'éther occupant les volumes infinitésimaux des électrons, l'éther contenu dans l'espace qui entoure et sépare ceux-ci ne contribuant en rien à l'action mutuelle.

Mais ce n'est pas tout : en proposant d'attribuer à l'éther — à l'éther solide élastique remplissant *tout l'espace* (n° 21) — une densité, Lord Kelvin nous oblige à chercher, abstraction faite de l'espace, abstraction faite de l'univers phénoménal, le principe de cette densité. Il nous oriente vers l'unité.

Nous avons donné pour épigraphe au présent chapitre des paroles qu'il nous paraît maintenant utile de rattacher au discours dont nous les avons tirées :

William Crookes, avec qui J.-J. Thomson a poursuivi ses remarquables expériences aboutissant à la démonstration de l'unité de la matière et à sa résolution en particules électriques, William Crookes qui, dès 1898, au Congrès de l'Association britannique pour l'avancement des Sciences a, des premiers, proclamé le « *substratum ionique de la matière* » a dans le même discours (1), englobé tous les phénomènes, psychiques et autres, pour arriver à l'énoncé d'un principe commun. Voici :

«... tous les phénomènes de l'Univers sont, on peut le présumer, continus, et il est contraire à l'esprit

---

(1) *Revue scientifique*, numéro du 8 octobre 1898.

scientifique de faire appel à des agents mystérieux quand les récents progrès de nos connaissances ont montré que les vibrations de l'éther avaient des pouvoirs et des attributs répondant largement à toute demande, même à la transmission de la pensée... »

Donnant pour exemple une explication de la télépathie, le savant continue en ces termes :

« Certains physiologistes ont supposé que les cellules essentielles des nerfs ne se touchent pas, mais sont séparées par un intervalle étroit qui s'élargit durant le sommeil et se rétrécit, au contraire, jusqu'à disparaître durant l'action mentale. Cette condition n'est pas plus singulière que celle d'un cohéreur Branly ou Lodge; la structure du cerveau et celle des nerfs étant similaires, on conçoit qu'il puisse y avoir dans le cerveau des masses de ces nerfs cohéreurs dont la fonction spéciale soit de recevoir les impulsions d'ondes de l'éther d'ordre convenable d'amplitude, venues sans intermédiaire. Rœntgen nous a familiarisés avec un ordre de vibrations d'une amplitude extrêmement petite, comparativement aux ondes les plus petites dont nous ayons jusqu'alors connaissance, et de dimensions comparables aux distances entre les centres des atomes dont est constitué l'univers matériel ; il n'y a aucune raison de supposer que nous ayons atteint la limite de fréquence. On sait que l'action de penser est accompagnée de certains mouvements moléculaires dans le cerveau ; nous sommes donc en présence de vibrations physiques capables, par leur extrême petitesse, d'agir directement sur les molécules individuelles, tandis que leur rapidité se rapproche de celle des mouvements internes et externes des atomes eux-mêmes.. »

« La science de notre siècle », dit plus loin William Crookes, « a forgé pour l'analyse et l'observation des armes dont le plus novice peut tirer parti. La science a entraîné et façonné l'esprit moyen, lui donnant des habitudes d'exactitude et de perception disciplinée, et, ce faisant, elle s'est fortifiée elle-même pour des tâches plus élevées, plus larges et incomparablement plus belles qu'eurent jamais pu imaginer nos ancêtres... Il lui appartient de dépasser tout ce que nous savons maintenant sur la matière et d'éclaircir les profondeurs de la loi cosmique.

« Un de mes éminents prédécesseurs à cette tribune disait que « par une nécessité intellectuelle il dépassait les termes de l'évidence expérimentale et discernait dans cette matière que, dans notre ignorance de ses pouvoirs latents et malgré notre respect pour son Créateur, nous avons couverte jusqu'ici d'opprobre, la promesse et la source de toute vie terrestre ». Je préférerais renverser l'apophtegme et dire que dans la vie je vois la promesse et la source de toutes les formes de matières. »

Par ces paroles, William Crookes, comme l'a fait Lord Kelvin, nous oriente vers le principe d'unité. En effet, la vie promesse et source de toutes les formes de matières, c'est-à-dire de manifestations extérieures indéfiniment variées, mais reliées entre elles par filiation précise, graduée, la vie témoigne de lois éternelles, soit d'un principe d'unité.

Le moment est venu d'ouvrir le Rapport présenté au Congrès international de Physique par le grand mathématicien Henri Poincaré; après quoi, nous demanderons au philosophe Emmanuel Kant quel concept il faut se faire de la Vie, pour entrevoir où nous emporte le vol actuel de la Science.

B. — La Science se rapproche du principe d'unité.

Le Mémoire présenté au Congrès international de Physique, par M. Henri Poincaré, est intitulé : *Relations entre la Physique expérimentale et la Physique mathématique* (1). Dans la section intitulée : *L'unité de la nature*, nous lisons :

« Observons d'abord que toute généralisation suppose dans une certaine mesure la croyance à l'unité et à la simplicité de la nature. Pour l'unité il ne peut pas y avoir de difficultés. Si les diverses parties de l'univers n'étaient pas comme les organes d'un même corps, elles n'agiraient pas les unes sur les autres, elles s'ignoreraient mutuellement; et nous, en particulier, nous n'en connaîtrions qu'une seule... »

Le lecteur voudra bien remarquer cette exposition si simple et si claire du principe d'unité dans la nature. « Nous n'avons donc pas » poursuit le savant « à nous demander si la nature est une, mais comment elle est une.

« Pour le second point, cela ne va pas si aisément. Il n'est pas sûr que la nature soit simple. Pouvons-nous sans danger faire comme si elle l'était?...

» Si nous étudions l'histoire de la Science, nous voyons se produire deux phénomènes pour ainsi dire inverses : tantôt c'est la simplicité qui se cache sous des apparences complexes, tantôt c'est au contraire la simplicité qui est apparente et qui dissimule des réalités extrêmement compliquées........

» Sans doute, si nos moyens d'investigation devenaient de plus en plus pénétrants, nous découvririons le simple sous le complexe, puis le complexe sous le simple, puis de nouveau le simple sous le complexe, et ainsi

(1) Premier volume des *Rapports*... p. 1 à 29.

de suite, sans que nous puissions prévoir quel sera le dernier terme.

» Il faut bien s'arrêter quelque part, et pour que la Science soit possible, il faut s'arrêter quand on a trouvé la simplicité. C'est là le seul terrain sur lequel nous pourrons élever l'édifice de nos généralisations. Mais, cette simplicité n'étant qu'apparente, ce terrain sera-t-il assez solide ? C'est ce qu'il convient de rechercher.

» Pour cela, voyons quel rôle joue dans nos généralisations la croyance à la simplicité. Nous avons vérifié une loi simple dans un assez grand nombre de cas particuliers ; nous nous refusons à admettre que cette rencontre, si souvent répétée, soit un simple effet du hasard et nous en concluons que la loi doit être vraie dans le cas général.

» Képler remarque que les positions d'une planète observées par Tycho sont toutes sur une même ellipse. Il n'a pas un seul instant la pensée que, par un jeu singulier du hasard, Tycho n'a jamais regardé le ciel qu'au moment où la trajectoire véritable de la planète venait couper cette ellipse.

» Qu'importe alors que la simplicité soit réelle, ou qu'elle recouvre une vérité complexe ? Qu'elle soit due à l'influence des grands nombres, qui nivelle les différences individuelles, qu'elle soit due à la grandeur ou à la petitesse de certaines quantités qui permet de négliger certains termes, dans tous les cas, elle n'est pas due au hasard. Cette simplicité, réelle ou apparente, a toujours une cause. Nous pourrons donc toujours faire le même raisonnement, et si une loi simple a été observée dans plusieurs cas particuliers, nous pourrons légitimement supposer qu'elle sera encore vraie dans les cas analogues. Nous y refuser serait attribuer au hasard un rôle inadmissible.

» Cependant il y a une différence. Si la simplicité était réelle et profonde, elle résisterait à la précision croissante de nos moyens de mesure ; si donc nous croyons la nature profondément simple, nous devrions conclure d'une simplicité approchée à une simplicité rigoureuse. C'est ce qu'on faisait autrefois ; c'est ce que nous n'avons plus le droit de faire.

» La simplicité des lois de Képler, par exemple, n'est qu'apparente. Cela n'empêche pas qu'elles s'appliqueront, à fort peu près, à tous les systèmes analogues au système solaire, mais cela empêche qu'elles soient rigoureusement exactes. »

Passant au « *Rôle de l'hypothèse* » :

« Toute généralisation » dit M. H. Poincaré « est une hypothèse ; l'hypothèse a donc un rôle nécessaire que personne n'a jamais contesté. Seulement elle doit toujours être, le plus tôt possible et le plus souvent possible, soumise à la vérification. Il va sans dire que, si elle ne supporte pas cette épreuve, on doit l'abandonner sans arrière-pensée... »

Distinguant, entre les différentes sortes d'hypothèses, celles qui sont toutes naturelles et auxquelles on ne peut guère se soustraire, il ajoute : « Il est difficile de ne pas supposer que l'influence des corps très éloignés est tout à fait négligeable, que les petits mouvements obéissent à une loi linéaire, que l'effet est une fonction continue de sa cause. J'en dirai autant des conditions imposées par la symétrie. Toutes ces hypothèses forment pour ainsi dire le fonds commun de toutes les théories de la Physique mathématique. Ce sont les dernières que l'on doit abandonner. »

Entre ces hypothèses toutes naturelles, relevons spécialement celle-ci : « *L'effet est une fonction continue de sa cause.* » Car :

1º Les lois de causalité et continuité dans l'unité y sont sous-entendues;

2º Ce qui y est contenu également c'est la profonde, l'essentielle distinction entre ce que le savant, aujourd'hui surtout, voit dans l'univers et ce que le vulgaire y voit. En effet, celui-ci en est encore à l'écrasante conception de matière éternellement matière, chose en soi rendant illusoire la liberté morale; tandis que le savant saisissant dans la masse, dans « le poids atomique « la fonction continue d'une « forme d'énergie » (1) et dans les formes d'énergie un principe de différentiation, est ainsi, par la synthèse à la fois mathématique et dynamique, orienté vers le concept d'un principe d'unité, sous lequel en vertu des lois de continuité et causalité rentre tout l'univers phénoménal. La liberté ou l'idée morale peut être vue alors comme source de série d'effets, ainsi que nous le dira plus loin le philosophe Kant.

Touchant la continuité, nous lisons (p. 29) dans le Mémoire de M. Henri Poincaré :

« A mesure qu'on connaît mieux les propriétés de la matière, on y voit régner la continuité. Depuis les travaux d'Andrews et de Van der Waals, on se rend compte de la façon dont se fait le passage de l'état liquide à l'état gazeux et que ce passage n'est pas brusque. De même il n'y a pas un abîme entre les états liquide et solide.....

» A cette tendance la simplicité perd sans doute.... En revanche l'unité y gagne beaucoup. Ces catégories tranchées reposaient l'esprit, mais elles ne le satisfaisaient pas... »

D'importants Rapports parmi ceux présentés au Con-

---

(1) WILLIAMS CROOKES. *Revue générale des sciences pures et appliquées*, nº du 15 avril 1891, p. 225.

grès démontrent cette continuité entre les états solide, liquide, gazeux et corpusculaire; ce dernier semblant, en réalité, selon l'expression de J.-J. Thomson, « fournir une représentation moderne du fluide électrique dans la théorie d'un seul fluide. » (1)

Le point le plus laborieux était, certes, ce rattachement, cette démonstration de continuité par la loi de causalité entre les modes pondérable et impondérable, matière et force. Quant à la continuité entre les diverses formes de l'énergie, M. Henri Poincaré nous dit (p. 24) :

« ...Les rapports de l'électricité et de la lumière sont maintenant connus; les trois domaines de la lumière, de l'électricité et du magnétisme, autrefois séparés, n'en forment plus qu'un : et cette annexion semble définitive... »

Dans la section intitulée : « *Signification des théories physiques* » (théories qui se succèdent, se remplacent ou se complètent à mesure de l'élargissement de nos connaissances) l'auteur observe qu'après comme avant leurs modifications, ces théories nous apprennent « qu'il y a tel rapport entre quelque chose et quelque autre chose; seulement », dit-il (p. 15), « ce quelque chose nous l'appelions autrefois *mouvement*, nous l'appelons maintenant *courant électrique*. Mais ces appellations n'étaient que des images substituées aux objets réels que la nature nous cachera éternellement. Les rapports véritables entre ces objets réels sont la seule réalité que nous puissions atteindre, et la seule condition, c'est qu'il y ait les mêmes rapports entre ces objets qu'entre les images que nous sommes forcés de mettre à leur place.....

» Que tel phénomène périodique (une oscillation élec-

(1) J.-J. Thomson, Troisième volume des *Rapports*, p. 140.

trique, par exemple) soit réellement dû à la vibration de tel atome qui, se comportant comme un pendule, se déplace véritablement dans tel ou tel sens, voilà ce qui n'est ni certain ni intéressant. Mais qu'il y ait entre l'oscillation électrique, le mouvement du pendule et tous les phénomènes périodiques une parenté intime qui correspond à une réalité profonde ; que cette parenté, cette similitude, ou plutôt ce parallélisme se poursuive dans le détail ; qu'elle soit une conséquence de principes plus généraux, celui de l'énergie et celui de la moindre action ; voilà ce que nous pouvons affirmer ; voilà la vérité qui restera toujours la même sous tous les costumes dont nous pourrons juger utile de l'affubler... »

Relevons encore (p. 18) : « Comme nous ne pouvons pas donner de l'énergie une définition générale, le principe de la conservation de l'énergie signifie simplement qu'il y a *quelque chose* qui demeure constant. Eh bien, quelles que soient les notions nouvelles que les expériences futures nous donneront sur le monde, nous sommes sûrs d'avance qu'il y aura quelque chose qui demeurera constant et que nous pourrons appeler *énergie*.

» Est-ce à dire que le principe n'a aucun sens et s'évanouit en une tautologie? Nullement, il signifie que les différentes choses auxquelles nous donnons le nom d'*énergie* sont liées par une parenté véritable ; il affirme entre elles un rapport réel... »

Le rapport réel entre tous les possibles ou entre toutes les formes diverses de l'énergie, c'est, nous dira Emmanuel Kant, le rapport dynamique, traduction de la cause dans l'effet, en un mot, la loi de causalité.

Cette idée de possibles illimités, reliés entre eux par une affinité transcendentale (loi constructive universelle), nous la retrouvons chez le créateur de la synthèse chimique, Berthelot, non seulement dans son hypothèse « la matière fondamentale fonction (1), les corps simples connus et à connaître valeurs déterminées », mais encore dans ses expériences démonstratives de la puissance dont le savant dispose, lorsqu'il s'est élevé à la connaissance de la loi de formation de quelque synthèse, corps gras, alcools, etc., connaissance lui permettant de « réaliser une infinité (2) d'autres effets » lesquels se succèdent par filiation précise.

Claude Bernard dans ses « *Leçons* (3) *sur les phénomènes de la vie communs aux animaux et aux végétaux* » exprime, lui aussi, que des formes infinies sont en puissance dans la nature. Enfin, l'épigraphe portée en tête de ce chapitre rappelle que telle est également la pensée du grand savant W. Crookes puisqu'il voit « dans la vie la promesse et la source de toutes les formes de matières. »

Dans la section de son Mémoire où il expose l'*Etat actuel de la Science*, M. Henri Poincaré écrit (p. 24) touchant les théories explicatives :

« Ce que nous avons de plus satisfaisant, c'est la théorie de Lorentz ; c'est sans contredit celle qui rend le mieux compte des faits connus, celle qui met en lumière le plus grand nombre de rapports vrais, celle dont on retrouvera le plus de traces dans la construction définitive. Néanmoins elle a encore un défaut grave,... elle est contraire au principe de Newton, de l'égalité de l'action et de la réaction ; ou plutôt ce principe, aux yeux de Lorentz, ne serait pas applicable à la

(1) BERTHELOT. *Leçons sur l'Isomérie*, 1863 (Hachette).
» *Essai de mécanique atomique*, 1879 (Dunod).

(2) BERTHELOT. *La synthèse chimique*, 1897, p. 272 à 277 (Félix Alcan, 108, boulevard Saint-Germain, Paris.)

(3) J. B. Baillère et fils, éditeurs, 19, rue Hautefeuille, Paris.

matière seule ; pour qu'il fût vrai, il faudrait tenir compte des actions exercées par l'éther sur la matière, et de la réaction de la matière sur l'éther. Or, jusqu'à nouvel ordre, il est vraisemblable que les choses ne se passent pas ainsi ».

Nous voici revenus à la question traitée par Lord Kelvin. Signalons donc, vu l'importance du sujet, qu'un Rapport (1) présenté au Congrès par M. E. Carvallo, examinateur d'admission à l'Ecole polytechnique, contient (p. 197) des conclusions favorables aux vues de MM. Sellmeier, Boussinesq et Helmholtz admettant l'action réciproque de l'éther et de la matière pondérable. Par les théories de ces derniers savants sont expliquées, dit M. E. Carvallo, outre la dispersion et l'absorption les « lois de l'aberration ; les lois de la double réfraction, indépendante de la dispersion ; les lois de la polarisation rotatoire et de sa dispersion ; les lois du pléochroïsme des cristaux biréfringents ; les lois de M. Cotton sur le dichroïsme des milieux rotatoires. »

Après sa réserve quant à l'action mutuelle de la matière et de l'éther, M. H. Poincaré continue (p. 25) : « Quoi qu'il en soit, grâce à Lorentz, les résultats de Fizeau sur l'optique des corps en mouvement, les lois de la dispersion normale et anormale et de l'absorption se trouvent rattachés entre eux et aux autres propriétés de l'éther par des liens qui sans aucun doute ne se rompront plus. Voyez la facilité avec laquelle le phénomène nouveau de Zeeman a trouvé sa place toute prête, et a même aidé à classer la rotation magnétique de Faraday qui était restée rebelle aux efforts de Maxwell ; cette facilité prouve bien que la théorie de Lorentz n'est pas

(1) *Sur les théories et formules de dispersion,* deuxième volume des *Rapports...* p. 175 à 199.

un assemblage artificiel destiné à se dissoudre. On devra probablement la modifier, mais non la détruire. »

Il poursuit, indiquant qu'un autre savant, Larmor, conservant la théorie de Lorentz dans ce qu'elle a d'essentiel « y greffe pour ainsi dire les idées de MacCullagh sur la direction des mouvements de l'éther » ; mais sans avoir pu encore montrer que ces mouvements compensant ceux de la matière rétablissent l'égalité de l'action et de la réaction. (La question va revenir plus loin.)

« Le principe de la conservation de l'énergie » lisons-nous encore (p. 26) « n'a reçu que des confirmations; un second principe est venu s'y joindre, celui de la moindre action, mis sous la forme qui convient à la Physique. Lui aussi a toujours été vérifié, au moins en ce qui concerne les phénomènes réversibles qui obéissent ainsi aux équations de Lagrange, c'est-à-dire aux lois les plus générales de la Mécanique ». L'auteur ajoute :

« Les phénomènes irréversibles sont beaucoup plus rebelles. Eux aussi cependant s'ordonnent et tendent à rentrer dans l'unité; la lumière qui les a éclairés nous est venue du principe de Carnot. Longtemps la Thermodynamique s'est confinée dans l'étude de la dilatation des corps et de leurs changements d'état. Depuis quelquelque temps, elle s'est enhardie et elle a considérablement élargi son domaine. Nous lui devons la théorie de la pile, celle des phénomènes thermo-électriques; il n'est pas dans toute la Physique de coin qu'elle n'ait exploré et elle s'est attaquée à la Chimie elle-même. Partout règnent les mêmes lois; partout, sous la diversité des apparences, on retrouve le principe de Carnot; partout aussi ce concept si prodigieusement abstrait de l'entropie, qui est aussi universel que celui de l'énergie et semble comme lui recouvrir une réalité. La chaleur rayonnante paraissait devoir lui échapper ; on l'a vue récemment plier sous les mêmes lois.

« Par là nous sont révélées des analogies nouvelles, qui souvent se poursuivent dans le détail ; la résistance ohmique ressemble à la viscosité des liquides ; l'hystérésis ressemblerait plutôt au frottement des solides. Dans tous les cas, le frottement parait le type sur lequel se calquent les phénomènes irréversibles les plus divers, et cette parenté est réelle et profonde.

« On a cherché aussi une explication mécanique proprement dite de ces phénomènes. Ils ne s'y prêtaient guère. Pour la trouver, il a fallu supposer que l'irréversibilité n'est qu'une apparence, que les phénomènes élémentaires sont réversibles et obéissent aux lois connues de la Dynamique...

« Cette conception, qui se rattache à la théorie cinétique des gaz, a coûté de grands efforts et a été en somme assez peu féconde ; elle pourra le devenir. Ce n'est pas ici le lieu d'examiner si elle ne conduit pas à des contradictions et si elle est bien conforme à la véritable nature des choses.

« Signalons toutefois les idées originales de M. Gouy sur le mouvement brownien. D'après ce savant, ce singulier mouvement échapperait au principe de Carnot. Les particules qu'il met en branle seraient plus petites que les mailles de cet écheveau si serré ; elles seraient donc en mesure de les démêler et par là de faire marcher le monde à contre-courant. » Nous ajoutons : conséquemment de rétablir l'égalité de l'action et de la réaction, question touchée un peu plus haut (p. 392).

Cette question est subordonnée à celle capitale du principe d'unité dans la nature, à celle de relation entre ce principe et le concept de l'Absolu. Poursuivons donc.

« En résumé », écrit l'illustre Rapporteur », les phénomènes anciennement connus se classent de mieux en mieux; mais des phénomènes nouveaux viennent réclamer leur place; la plupart d'entre eux, comme celui de Zeemann, l'ont trouvée tout de suite.

« Mais nous avons les rayons cathodiques, les rayons X, ceux de l'uranium et du radium... »

M. H. Poincaré est d'avis (p. 27) que loin de détruire l'unité générale, « ils la compléteront... On croit retrouver dans tous ces phénomènes de véritables ions, animés, il est vrai, de vitesses incomparablement plus fortes que dans les électrolytes...

« Non seulement nous découvrons des phénomènes nouveaux, mais dans ceux que nous croyions connaître, se révèlent des aspects imprévus. Dans l'éther libre, les lois conservent leur majestueuse simplicité... » (le lecteur remarquera cette affirmation et la rapprochera de la réserve faite ci-dessus, p. 392; nous reprenons le texte); « mais la matière proprement dite semble de plus en plus complexe; tout ce qu'on en dit n'est jamais qu'approché et à chaque instant nos formules exigent de nouveaux termes... »

Enfin le savant termine par ces paroles :

« De ce rapide exposé, que conclurons-nous?

« Tout compte fait, on s'est rapproché de l'unité; on n'a pas été aussi vite qu'on l'espérait il y a cinquante ans, on n'a pas toujours pris le chemin prévu; mais, en définitive, on a gagné beaucoup de terrain. »

« *On s'est rapproché de l'unité* » : voilà la conclusion fondamentale du Rapport présenté par M. Henri Poincaré. Et cette conclusion suffit à indiquer l'immense portée philosophique du Congrès international de Physique. En effet, par l'affirmation du principe d'unité, la Science — Kant va nous le démontrer — écarte définitivement le concept de matière étendue sans vie, impénétrable, chose en soi rendant illusoire la liberté morale; et elle fait ainsi place au concept de l'Absolu comme principe de l'univers conditionné.

C. — Représentation en l'homme des principes purs de la connaissance.

La conclusion capitale de l'œuvre d'Emmanuel Kant: « *Critique de la raison pure* (1) » peut, à notre avis, se résumer ainsi:

La représentation en nous (êtres relatifs) des principes purs de la connaissance nous donne le concept de l'Absolu, concept indéfinissable pour nous qui ne pouvons sortir de l'univers conditionné, mais sans lequel nous ne pouvons nous expliquer à nous-mêmes notre propre existence.

L'objet même et final de la représentation en nous des principes purs de la connaissance, soit l'expérience, le travail, nous donne à son tour le concept de l'Idée d'usage de la raison pure, Idée qui par la relation dynamique (cause à effet) est la substance de l'unité naturelle.

Ne pouvant donner que des extraits tout à fait insuffisants, nous engageons vivement le lecteur à recourir à l'ouvrage même. Dans son premier volume de la *Critique de la raison pure*, p. 138, le philosophe donne la « Table des catégories » ou liste des concepts contenus *à priori* dans l'entendement, c'est-à-dire constituant l'entendement pur; et il démontre (spécialement, 2e volume, p. 131 et suiv.) que de ces catégories au nombre de quatre, deux désignent une synthèse

(1) *Critique de la raison pure*, par Emmanuel Kant, traduit de l'allemand, par Jules Barni, avec une introduction du traducteur, contenant l'analyse de cet ouvrage, 2 volumes, 1869. Germer-Baillère, libraire-éditeur, rue de l'Ecole-de-Médecine, 17, Paris.

mathématique des phénomènes et les deux autres une synthèse dynamique. Dans la liaison mathématique (catégories de la quantité et de la qualité) des séries de phénomènes, aucune autre condition n'est possible qu'une condition *sensible*, c'est-à-dire qui soit elle-même une partie de la série phénoménale ; tandis que la liaison dynamique (catégories de la relation et de la modalité) permet en plus une condition qui étant purement *intelligible*, n'est point déterminée relativement à sa causalité par des phénomènes... bien que ses effets se trouvent dans la série des conditions empiriques.

La synthèse à la fois mathématique et dynamique, établit Kant (2e vol., p. 133) « ..... place l'absolu en tête des phénomènes sans troubler la série de ces phénomènes » ; ce qui sur ce point satisfait l'entendement en ne prêtant pas aux antinomies (1) infailliblement rencontrées lorsqu'on veut expliquer l'univers par la simple liaison mathématique ; mais tout en plaçant l'absolu en tête des phénomènes et en reliant conséquemment la réalité phénoménale au concept de l'Être en soi, la synthèse à la fois mathématique et dynamique ne nous fait pas saisir objectivement l'Absolu.

En effet, le terme absolu (dans le sens adopté par Kant) s'oppose (1er vol., p. 382) « à ce qui n'a qu'une valeur comparative, ou n'a de valeur que sous un certain rapport » c'est-à-dire il exprime ce qui est « sans restriction ». Or, ce qui est sans restriction (1er vol., page 383) « n'est pas un concept applicable dans une expérience, parce qu'il n'y a pas d'expérience qui soit inconditionnelle. »

Conditionnés pour l'expérience, nous pouvons arriver à nous faire un concept de valeur objective qui

(1) Exemple : (absurdité d'un nombre ou d'un système à la fois infini et déterminé.)

nous relie au concept de l'absolu, mais c'est tout, nous ne pouvons aller plus loin. La question sera reprise quand nous aurons examiné la représentation en nous des principes purs de la connaissance.

Prenant l'homme pour sujet de démonstration, Kant relève ces paroles de Descartes : « Je pense, donc je suis, » et il observe (2e vol., p. 22) que le fait d'expérience intérieure exprimée par les mots : « Je pense » ne révèle pas à l'homme autre chose que ceci : Je suis un sujet pensant.

« Le moi, le je pense, » écrit-il, (1er vol., p. 181) « est distinct du moi qui s'aperçoit lui-même : sujet pensant, je ne me connais pas moi-même comme objet pensé... » (1er vol., p. 182) : « ... nous en nous saisissons nous-mêmes... que comme nous sommes intérieurement *affectés par nous-mêmes*, c'est-à-dire qu'en ce qui concerne l'intuition interne, nous ne connaissons notre propre sujet que comme phénomène, et non dans ce qu'il est soi. » Et encore : « Notre expérience intérieure (1er vol., p. 286) n'est possible elle-même que sous la condition de l'expérience extérieure. » Mais l'expérience toujours soumise à des conditions (1er vol. p. 86) « ne donne ni absolue généralité ni certitude apodictique. »

Pour être reçue, appréciée, utilisée, elle est donc ramenée à des éléments de certitude de source transcendentale. (1er vol., p. 47) : « L'expérience nous enseigne bien qu'une chose est ceci ou cela, mais non pas qu'elle ne puisse être autrement... Si donc on conçoit un jugement comme rigoureusement universel, c'est-à-dire comme repoussant toute exception, c'est que ce jugement n'est point dérivé de l'expérience, mais que sa valeur est absolument *à priori*. »

« Il y a » dit Kant (1er vol., p. 76) « deux formes pures de l'intuition sensible, comme principes de la connaissance *à priori*, savoir l'espace et le temps....

« Le sens interne au moyen duquel l'esprit s'aperçoit lui-même, ou aperçoit son état intérieur... » se représente suivant des rapports de temps. En effet, de quelque source que sortent les représentations ou pensées, (2e vol., p. 414) elles sont soumises à cette condition formelle de notre sens interne : être ordonnées, liées et mises en rapport, c'est-à-dire au temps. « Le temps (1er vol., p. 77) ne peut pas être perçu extérieurement, pas plus que l'espace ne peut l'être comme quelque chose en nous... Pour que je puisse rapporter certaines sensations à quelque chose d'extérieur à moi,... et de même pour que je puisse me représenter les choses comme en dehors et à côté les unes et des autres... il faut que la représentation de l'espace existe déjà en moi... » Cette représentation n'est donc pas tirée de l'expérience.

Conséquemment la représentation d'espace de même que celle de temps sont éléments mêmes de notre mode d'exister ; aussi lisons-nous (1er vol., p. 89) : « Le temps n'est autre chose que la forme du sens interne..., et l'espace la forme de toute intuition externe. »

Temps et espace n'existent donc qu'en nous (1er vol., p. 94, 97) ne sont que des conditions de notre faculté de réceptivité, (sensibilité).

« La géométrie » relevons-nous à titre d'exemple démonstratif (1er vol., p. 80) est une science qui détermine synthétiquement, et pourtant *à priori*, les propriétés de l'espace. Que doit donc être la représentation de l'espace pour qu'une telle connaissance en soit possible ? Il faut qu'elle soit originairement une intuition ; car il est impossible de tirer d'un simple concept des propositions qui le dépassent comme cela arrive pourtant en géométrie... Mais comment peut-il y avoir dans l'esprit une intuition extérieure qui précède les objets mêmes et qui en détermine *à priori* le concept. Cela ne peut évidemment arriver qu'autant qu'elle ait son siège dans le sujet comme la propriété formelle de la capacité qu'il a d'être affecté par des objets et d'en recevoir ainsi une *représentation immédiate*, c'est-à-dire une *intuition*, par conséquent comme forme du sens extérieur en général. » Il conclut : « Notre explication fait donc comprendre la *possibilité de la géométrie* comme connaissance synthétique *à priori*. »

Continuons : « Les représentations diverses (1er vol., p. 161 et s.) données dans une certaine intuition » écrit Kant « ne seraient pas toutes ensemble mes représentations, si toutes ensemble elles n'appartenaient à une conscience... Cette identité générale de l'aperception de divers éléments donnés dans une intuition contient une synthèse de représentations, et elle n'est possible que par la conscience de cette synthèse... c'est uniquement parce que je puis saisir en une conscience la diversité de ces représentations que je les appelle toutes miennes; autrement le moi serait aussi divers et aussi bigarré que les représentations dont j'ai conscience. »

Aux deux intuitions pures, temps et espace qui se représentent en l'être conditionné et ne sont pas fournies par l'expérience, puisqu'elles dépassent le monde phénoménal, il faut donc ajouter l'unité synthétique des intuitions donnée *à priori* et suscitant la conscience.

« L'unité synthétique des intuitions diverses, en tant qu'elle est donnée *à priori* », ajoute le philosophe (1 vol., p. 162), « est donc le principe de l'identité de l'aperception même, laquelle précède *à priori* toute pensée déterminée. La liaison n'est donc pas dans les objets, et n'en peut pas être tirée par la perception pour être ensuite reçue dans l'entendement ; mais elle est uniquement une opération de l'entendement, qui n'est luimême autre chose que la faculté de former des liaisons *à priori* et de ramener la diversité des représentations données à l'unité de l'aperception. C'est là le principe le plus élevé de toute la connaissance humaine. »

Touchant la distinction capitale à faire entre l'unité empirique de l'aperception qui dérive de l'unité synthétique *à priori*, et celle-ci même, relevons cet exemple (1er vol., p. 168) :

« Un homme joint à la représentation d'un mot une certaine chose, tandis que les autres y en attachent une autre ; l'unité de conscience dans ce qui est empirique... n'a point une valeur nécessaire et universelle. »

Observer soigneusement cette distinction entre ce qui est de valeur nécessaire et universelle et ce qui n'a pas cette valeur.

L'unité synthétique d'aperception *à priori* se représente immuable comme loi naturelle constructive ; tandis que l'unité empirique d'aperception ou conscience empirique individuelle est en perpétuelle évolution. Le propre du conditionné, c'est le changement.

Poursuivons :

(1er vol., p. 164) : « Le principe de l'unité synthétique de l'aperception est le principe suprême de tout usage de l'entendement. »

(1er vol., p. 126) : L'entendement est « une faculté de connaître non sensible... La connaissance de tout entendement, du moins de l'entendemain humain, est une connaissance par concepts... »

(1er vol., p. 303) : « Tous les principes de l'entendement pur ne sont que des principes *à priori* de la possibilité de l'expérience... »

1er vol., p. 362) : « L'entendement peut être défini, la faculté de ramener les phénomènes à l'unité au moyen de certaines règles, et la raison, la faculté de ramener à l'unité les règles de l'entendement au moyen de certains principes... »

Ainsi définie, la raison, on le voit, est intimement rattachée à l'unité synthétique d'aperception, ce principe le plus élevé de toute la connaissance humaine. La nécessité, l'universalité doit donc être le trait du concept véritablement rationnel.

Aussi lisons-nous (1er vol., p. 370) :

« Le concept rationnel désigne une connaissance dont toute connaissance empirique n'est qu'une partie... à laquelle jamais l'expérience réelle n'est parfaitement adéquate, bien qu'elle en fasse toujours partie. Les concepts de la raison servent à *comprendre* (Zum Begreifen) comme ceux de l'entendement servent à *entendre* (Zum Verstehen) les perceptions. En renfermant l'inconditionnel, ils désignent une chose sous laquelle rentre toute expérience, mais qui n'est jamais elle-même un objet d'expérience ; une chose à laquelle conduit la raison dans les conclusions qu'elle tire de l'expérience, et d'après laquelle elle estime et mesure le degré de son usage empirique, mais qui ne forme jamais un membre de la synthèse empirique. Si cependant ces concepts ont une valeur objective, ils peuvent être nommés *conceptus ratiocinati* (concepts rigoureusement conclus)... »

La réalité objective des concepts de la raison pure, écrit le philosophe (1er vol., p. 369) se fonde uniquement sur ce que, constituant la forme intellectuelle de toute expérience, on doit toujours pouvoir en montrer l'application dans l'expérience.

(1er vol., p. 215) : La *possibilité de l'expérience* est ce qui donne de la réalité objective à toutes nos connaissances *à priori.* » Et Kant pose ces postulats de la pensée empirique en général (1er vol., p. 278) :

« Ce qui s'accorde avec les conditions formelles de l'expérience... est *possible.*

« Ce qui s'accorde avec les conditions matérielles de l'expérience... est *réel*.

« Ce dont l'accord avec le réel est déterminé suivant les conditions générales de l'expérience est *nécessaire* (existe nécessairement).» Mais cette nécessité dans l'existence, « ne concerne » (1er vol., p. 292) « que les rapports des phénomènes suivant la loi dynamique de la causalité. » Même page, nous lisons encore : « Tout ce qui arrive est hypothétiquement nécessaire ; c'est là un principe qui soumet le changement dans le monde à une loi, c'est-à-dire à une règle de l'existence nécessaire, sans laquelle il n'y aurait pas même de nature. C'est pourquoi le principe : rien n'arrive par un aveugle hasard (*in mundo non datur casus*) est une loi *à priori* de la nature. Il en est de même de celui-ci : il n'y a pas dans la nature de nécessité aveugle, mais une nécessité conditionnelle, par conséquent intelligente (*non datur fatum*). Ces deux principes sont des lois qui soumettent le jeu des changements à une *nature des choses* (comme phénomènes), ou, ce qui revient au même, à l'unité de l'entendement, dans lequel ils ne peuvent appartenir qu'à l'expérience considérée comme unité synthétique des phénomènes. Ils sont tous deux dynamiques. »

« Tous les phénomènes possibles » (écrit Kant, 2e vol., p. 423 et s.) « appartiennent, comme représentations, à toute la conscience de soi-même possible. Mais l'identité numérique est inséparable de cette conscience, comme d'une représentation transcendentale, et elle est certaine *à priori*, puisque rien ne peut arriver à la connaissance qu'au moyen de cette aperception originaire. Or, comme cette identité doit nécessairement intervenir dans la synthèse de tout ce qu'il y a de divers dans les phénomènes, en tant qu'elle doit être une connaissance empirique, les phénomènes sont soumis à des conditions *à-*

priori, auxquelles leur synthèse (la synthèse de leur appréhension) doit être complètement conforme... Tous les phénomènes sont donc universellement reliés suivant des lois nécessaires, et ils sont par conséquent dans une affinité transcendentale , dont l'affinité empirique n'est qu'une simple conséquence. »

Résumons : En l'être conditionné (nous verrons plus loin qu'il est en substance une certaine valeur de fonction) se représentent des intuitions pures : temps et espace et un principe d'unité synthétique d'aperception *à priori* ; de ces intuitions pures, tout agent d'expérience, instrument d'usage ou valeur de fonction, dérive la conscience empirique de son existence évolutive, se saisit comme agent d'action dans un ensemble et peut concevoir que le plus large usage de son autonomie est de concourir (subordination volontaire) à l'harmonie générale.

D. — Conséquences de la synthèse à la fois mathématique et dynamique. Liberté morale.

Des quatre catégories de l'entendement pur, deux, a dit le philosophe Kant, désignent une synthèse mathématique des phénomènes, et les deux autres désignent en plus une synthèse dynamique (2e vol., p. 131 , 132.)

L'ensemble des catégories de l'entendement pur non seulement conduit au concept de l'absolu, ainsi que cela va ressortir de plus en plus des citations à suivre, mais encore démontre la liberté morale pratique :

« On ne peut concevoir » écrit Kant (2e vol., p. 134 à 138) « relativement à ce qui arrive que deux espèces de causalité : l'une suivant la *nature*, l'autre par la *liberté*. La première est la liaison dans le monde sensible d'un état avec le précédent, auquel il succède d'après une règle...

« J'entends au contraire par liberté, dans le sens cosmologique, la faculté de commencer *par soi-même* un état, dont la causalité ne rentre pas à son tour, suivant la loi naturelle, sous une autre cause qui la détermine dans le temps...

« Il est surtout remarquable que c'est sur cette idée *transcendentale* de la liberté que se fonde le concept pratique que nous en avons, et que c'est là que réside le nœud des difficultés qui ont jusqu'ici environné la question de sa possibilité. La *liberté dans le sens pratique* est l'indépendance de la volonté par rapport à la *contrainte* des penchants de la sensibilité. En effet, une volonté est *sensible* en tant qu'elle est *pathologiquement affectée* (par les mobiles de la sensibilité); elle s'appelle animale (*arbitrium brutum*), quand elle peut être *pathologiquement nécessitée*. La volonté humaine est, il est vrai, un *arbitrium sensitivum*, mais non un *arbitrium brutum;* c'est un *arbitrium liberum*, puisque la sensibilité ne rend pas son action nécessaire, mais qu'il y a dans l'homme un pouvoir de se déterminer de lui-même indépendamment de la contrainte des penchants sensibles...

« L'exactitude de ce même principe qui veut que tous les évènements du monde sensible soient enchaînés sans solution de continuité suivant des lois naturelles immuables, est déjà établie par l'analytique transcendentale et ne souffre aucune exception. La question est donc de savoir si, malgré ce principe, la liberté est encore possible par rapport au même effet qui est déterminé suivant la nature, ou si elle en est absolument exclue par cette règle inviolable. Et ici l'hypothèse commune, mais trompeuse, de la *réalité absolue* des phénomènes montre aussitôt cette funeste influence qui égare la raison. En effet, si les phénomènes sont des choses en soi, la liberté est perdue sans retour. La nature est alors la cause parfaite et suffisante par elle-même de tout évènement, et la condition de chacun est toujours renfermée dans la série des phénomènes qui sont nécessairement soumis, avec leurs effets, à la loi naturelle. Si au contraire les phénomènes ne sont tenus que pour ce qu'ils sont en effet, c'est-à-dire non pour des choses en soi, mais pour de simples représentations qui s'enchaînent suivant des lois empiriques, ils doivent avoir eux-mêmes des causes qui ne sont pas des phénomènes. Mais une cause intelligible de ce genre n'est point déterminée relativement à sa causalité par des phénomènes, bien que ses effets puissent être des phénomènes et à ce titre être déterminés par d'autres phénomènes. Elle est ainsi avec sa causalité en dehors de la série, tandis que ses effets se trouvent dans la série des conditions empiriques. L'effet peut donc être considéré comme libre, par rapport à sa cause intelligible, et en même temps, par rapport aux phénomènes, comme une conséquence de ces phénomènes suivant la nécessité de la nature. »

Poursuivant la démonstration, il écrit : (2e vol. p. 146, 147) que la « raison soit douée de causalité, ou que du moins nous nous représentions en elle une causalité, c'est ce qui résulte clairement des *impératifs* que nous donnons pour règles dans l'ordre pratique aux facultés actives. Le *devoir* (Das sollen) exprime une espèce de nécessité et de lien avec des principes qui ne se présentent point ailleurs dans toute la nature. L'entendement ne peut connaître de celle-ci que *ce qui est*, a été, ou sera. Il est impossible que quelque chose y *doive être* autrement qu'il n'est en effet dans tous ces rapports de temps ; et même le *devoir*, quand on n'a devant les yeux que le cours de la nature, n'a aucune espèce de sens.

On ne peut pas plus demander ce qui *doit être* dans la nature qu'on ne pourrait demander quelles propriétés un cercle *doit* avoir ; tout ce qu'on peut demander, c'est ce qui arrive dans la nature, ou quelles sont les propriétés du cercle.

« Ce *devoir* exprime une action possible dont le principe n'est autre qu'un pur concept, tandis que le principe d'une action simplement naturelle est toujours nécessairement un phénomène. »

Citons encore (2e vol., p. 150 à 156) : « La raison pure, comme faculté simplement intelligible, n'est pas soumise à la forme du temps et par conséquent aux conditions de la succession. La causalité de la raison dans le caractère intelligible ne *naît* pas, ou ne commence pas dans un certain temps à produire un effet... Nous pourrons donc dire : si la raison peut avoir de la causalité par rapport aux phénomènes, c'est qu'elle est une faculté par laquelle commence véritablement la condition sensible d'une série empirique d'effets, car la condition qui réside dans la raison n'est pas sensible, et par conséquent ne commence pas elle-même.

« Nous trouvons donc ici ce que nous cherchions en vain dans toutes les séries empiriques : une *condition* d'une série d'évènements successifs qui est elle-même empiriquement inconditionnelle. En effet la condition est ici *en dehors* de la série des phénomènes (dans l'intelligible) et par conséquent elle n'est soumise à aucune détermination de temps par des causes antérieures.

« Pourtant cette même cause appartient aussi sous un autre rapport à la série des phénomènes. L'homme est lui-même un phénomène. Sa volonté a un caractère empirique, qui est la cause (empirique) de toutes ses actions. Il n'y a pas une des conditions déterminant l'homme d'après ce caractère qui ne soit contenue dans la série des effets naturels et n'appartienne à la loi de ces effets, d'après laquelle on ne trouve aucune causalité empiriquement inconditionnelle de ce qui arrive dans le temps. Aucune action donnée (toute action ne pouvant être perçue que comme phénomène) ne saurait donc commencer d'elle-même absolument. Mais on ne peut dire de la raison que l'état où elle détermine la volonté a été précédé d'un autre état où il était lui-même déterminé. Car la raison n'étant pas elle-même un phénomène et n'étant nullement soumise aux conditions de la sensibilité, il n'y en a en elle, même relativement à sa causalité, aucune succession, et par conséquent la loi dynamique de la nature, qui détermine la succession suivant des règles, ne peut s'y appliquer.

« La raison est donc la condition permanente de tous les actes volontaires par lesquels l'homme se manifeste. Chacun de ces actes est déterminé dans le caractère empirique de l'homme avant même d'arriver. Mais quant au caractère intelligible, dont le premier n'est que le schème sensible, il n'y a ni *avant*, ni *après*...

« Elle est, cette raison, identiquement présente à toutes les actions de l'homme dans toutes les circonstances du temps, mais elle n'est point elle-même dans le temps, et elle ne tombe pas dans un nouvel état où elle n'aurait pas été auparavant; elle est, par rapport à tout état nouveau, *déterminante*, mais non *déterminable*. On ne peut donc pas demander pourquoi la raison ne s'est pas déterminée autrement, mais seulement pourquoi par sa causalité elle n'a pas autrement déterminé les *phénomènes*. Or il n'y a pas à cela de réponse possible. En effet un autre caractère intelligible aurait donné un autre caractère empirique, et quand nous disons que, malgré toute sa conduite antérieure, le menteur aurait pu s'abstenir du mensonge, cela signifie simplement que le mensonge est immédiatement au pouvoir de la raison, que la raison dans sa causalité n'est nullement soumise aux conditions du phénomène et du cours du temps, et que, si la différence de temps constitue une différence capitale entre les phénomènes, attendu que ceux-ci ne sont pas des choses en soi, ni par conséquent des causes en soi, elle n'en peut former aucune entre les actions par rapport à la raison.

« Nous ne pouvons donc, quand il s'agit de juger les actions libres, que remonter, par rapport à leur causalité, *jusqu'aux* causes intelligibles, mais non pas *au-delà*. Nous pouvons reconnaître qu'elles peuvent être déterminées librement, c'est-à-dire indépendamment de la sensibilité, et que, de cette manière, elles peuvent former, pour les phénomènes, une condition inconditionnelle au point de vue sensible..... »

Conclusion : « La nature n'est pas *en contradiction* avec la causalité libre ». Conséquemment, la liberté pratique correspond à la liberté transcendentale et l'homme a le pouvoir — bien entendu en se plaçant dans les conditions commandées par les lois naturelles — de réaliser tout idéal. Aussi lisons-nous (2e vol., p. 368) : L'idée morale est pratique « en ce qu'elle peut et doit réellement avoir son influence sur le monde sensible, afin de le rendre autant que possible conforme à elle-même. » Et encore (1er vol., p. 384) : L'exécution de l'idée « est toujours bornée et défectueuse, mais dans des limites qu'il est impossible de déterminer, et, par conséquent, elle est toujours soumise à l'influence du concept d'une absolue perfection... Aussi ne peut-on dire dédaigneusement de la sagesse qu'*elle n'est qu'une idée ;* mais précisément parce qu'elle est l'idée de l'unité nécessaire de toutes les fins possibles, elle doit servir de règle à toute pratique, comme condition originaire et tout au moins restrictive. »

Relevons encore (2e vol., p. 369) : « L'idée d'un monde moral... se rapporte au monde sensible, mais comme à un objet de la raison pure dans son usage pratique et au *corpus mysticum* des êtres raisonnables qui l'habitent, en tant que le libre arbitre de chacun d'eux, réglé par des lois morales, a en soi une unité systématique qui lui permet de s'accorder parfaitement avec lui-même et avec la liberté de tous les autres... »

Le philosophe, nous l'avons vu ci-dessus, a établi cette unité systématique en faisant de l'unité synthétique de l'aperception *à priori* le principe suprême de tout usage de l'entendement.

Le libre arbitre de chacun a ainsi pour essence un principe d'unité qui commande à la fois l'harmonisation de tous les rapports entre les éléments des systèmes quelconques et la subordination des actions partielles au bien de l'ensemble. C'est la loi morale véritable, la loi du bien de la vie universelle, la loi du travail tant invoquée par Godin dans ses écrits et qui a présidé à toute son existence.

Mais comment sommes-nous faculté de réceptivité de ces principes purs de la connaissance, ou autrement dit : que sommes-nous *en substance,* (nous êtres humains conditionnés et, avec nous, toute réalité phénoménale en évolution perpétuelle,) relativement au concept de l'Être en soi, Eternel, Inconditionné, en un mot au concept de l'Absolu ?

E. — Concept de l'Absolu et substance de l'univers.

Le terme absolu dans le sens adopté par Kant « s'oppose », avons-nous dit, « à ce qui n'a qu'une valeur comparative ou n'a de valeur que sous un certain rapport... » c'est-à-dire il exprime « ce qui est sans restriction. » (1er vol., p. 382).

Traitant de l'idéal transcendental ou du concept de l'Absolu, Kant écrit (2e vol., p. 170 à 174) :

« La négation logique, qui est simplement désignée par le petit mot *non*, ne s'applique jamais proprement à un concept, mais seulement au rapport d'un concept à un autre dans le jugement...

« Or personne ne peut concevoir une négation d'une manière déterminée sans prendre pour fondement l'affirmation opposée. L'aveugle-né ne peut se faire la moindre représentation de l'obscurité, parce qu'il n'en a aucune de la lumière...

« Toute possibilité des choses (de la synthèse de leurs éléments divers quant à leur contenu) est donc considérée comme dérivée, et seule celle de ce qui renferme en soi toute réalité est regardée comme originaire. En effet toutes les négations (qui sont pourtant les seuls prédicats par lesquels tout ce qui n'est pas l'être réel par excellence se distingue de lui), sont de simples limitations d'une réalité supérieure et enfin de la plus haute réalité, et par conséquent elles la présupposent et en dérivent quant à leur contenu. Toutes les choses diverses ne sont donc que des manières également diverses de limiter le concept de la suprême réalité, qui est leur substratum commun, de même que toutes les figures ne sont que des manières diverses de limiter l'espace infini... »

Prévenant la confusion qui pourrait naître de l'emploi de termes tirés surtout du monde phénoménal, le philosophe ajoute :

« Comme on ne peut pas dire non plus qu'un être originaire se compose de plusieurs êtres dérivés, puisque chacun d'eux le présuppose et par conséquent ne saurait le constituer, l'idéal de l'être originaire doit être aussi conçu comme simple.

« Dériver de cet être originaire toute autre possibilité n'est donc pas non plus, à parler exactement, *limiter* sa suprême réalité et en quelque sorte la partager ; car alors l'être originaire ne serait plus considéré que comme un simple agrégat d'êtres dérivés, ce qui, d'après ce qui vient d'être dit, est impossible, quoique nous ayons d'abord présenté ainsi la chose dans une première et grossière esquisse. La suprême réalité servirait plutôt de fondement à la possibilité de toutes choses comme *principe* que comme *ensemble...* »

Quant à l'impossibilité radicale où nous sommes de définir l'Absolu et conséquemment de modifier à notre fantaisie le concept de l'Etre suprême, citons ces passages (2e vol., p. 252 à 259) :

« Que quelque chose soit donné à ma raison comme un *objet absolument* (1) ou seulement comme un *objet en idée* (2) cela fait une grande différence. Dans le premier cas, mes concepts ont pour but de déterminer l'objet ; dans le second, il n'y a réellement qu'un schème, auquel aucun objet n'est donné directement, ni même hypothétiquement, mais qui sert uniquement à représenter d'autres objets dans leur unité systématique, au moyen d'un rapport avec cette idée, et par conséquent d'une manière indirecte. Ainsi je dis que le concept d'une intelligence suprême est une simple idée, c'est-à-dire que sa réalité objective ne peut consister en ce qu'il se rapporte directement à un objet (car en ce sens nous ne saurions justifier sa valeur objective), mais qu'il n'est qu'un schème du concept d'une chose en général, ordonné suivant les conditions de la plus grande unité ration-

(1) *Als ein Gegenstand schlechthin.*

(2) *Als ein Gegenstand in der Idee.* « Ce sont », dit le Traducteur, « les termes mêmes employés par Kant, ce qui suit en explique d'ailleurs suffisamment le sens. »

nelle et servant uniquement à maintenir la plus grande unité systématique dans l'usage empirique de notre raison, où l'on dérive en quelque sorte l'objet de l'expérience de l'objet imaginaire de cette idée comme de son principe ou de sa cause...

« Il arrive ainsi qu'en admettant un être divin, je n'ai pas à la vérité le moindre concept de la possibilité interne de sa souveraine perfection, ni de la nécessité de son existence, mais que je puis alors satisfaire à toutes les autres questions qui concernent le contingent, et procurer à la raison le plus parfait contentement, non pas par rapport à cette supposition même, mais par rapport à la plus grande unité qu'elle puisse chercher dans son usage empirique, ce qui prouve que c'est son intérêt spéculatif, et non sa pénétration, qui l'autorise à partir d'un point si haut placé au-dessus de sa sphère, pour envisager de là ses objets comme dans un ensemble parfait...

« Les concepts de la réalité, de la substance, de la causalité, même ceux de la nécessité dans l'existence, n'ont, en dehors de l'usage par lequel ils rendent possible la connaissance empirique d'un objet, aucun sens qui détermine quelque autre objet. Ils peuvent donc bien servir à l'explication de la possibilité des choses dans le monde sensible, mais non pas à celle de la possibilité d'un *univers* même, puisque ce principe d'explication devrait être en dehors du monde, et que par conséquent il ne saurait être un objet d'expérience possible. Je puis cependant admettre, relativement au monde sensible, mais non en soi, un être incompréhensible de ce genre, l'objet d'une simple idée. En effet, si une idée (celle de l'unité systématiquement parfaite...), sert de fondement au plus grand usage empirique possible de ma raison, et que cette idée ne puisse jamais être en soi représentée d'une manière adéquate dans l'expérience, bien qu'elle soit indispensablement nécessaire pour rapprocher l'unité empirique du plus haut degré possible ; je ne suis pas alors seulement autorisé, mais obligé à réaliser cette idée, c'est-à-dire à lui supposer un objet réel, mais seulement comme quelque chose en général que je ne connais pas du tout en soi et auquel je ne donne des propriétés analogues aux concepts de l'entendement dans son usage empirique que comme à un principe de cette unité systématique et relativement à elle...

« Les concepts de réalité, de substance, de causalité, ceux aussi de nécessité dans l'existence, perdent toute signification et ne sont plus que de vains titres de concepts sans aucun contenu, quand je me hasarde à sortir avec eux du champ des choses sensibles. Je ne conçois la relation d'un être qui m'est tout à fait inconnu en soi avec la plus grande unité systématique possible de l'univers, que pour faire de cet être un schème du principe régulateur du plus grand usage empirique possible de ma raison... »

Il est donc établi que le concept d'unité, le concept d'une affirmation suprême originaire est lié à la représentation même en nous des principes purs de la connaissance, bien que nous soyons radicalement impuissants à définir l'objet d'un tel concept.

Passons aux réflexions par lesquelles Kant va nous amener à concevoir une relation entre le concept du divin et l'unité systématique de l'univers, c'est-à-dire à concevoir ce que peut être la substance de l'unité phénoménale. (2e vol., p. 372 à 378) :

« Il est nécessaire » dit le philosophe « que toute notre manière de vivre soit subordonnée à des lois morales ; mais il est en même temps impossible que cela ait lieu si la raison ne joint pas à la loi morale, qui n'est qu'une idée, une cause efficiente qui détermine, d'après notre conduite par rapport à cette loi, un dénouement correspondant exactement, soit dans cette vie, soit dans une autre, à nos fins les plus hautes. Sans un Dieu et sans un monde qui n'est pas maintenant visible pour nous, mais que nous espérons, les magnifiques idées de la moralité peuvent bien être des objets d'approbation et d'admiration, mais ce ne sont pas des mobiles d'intention et d'exécution, parce qu'elles n'atteignent pas tout ce but, naturel à tout être raisonnable, qui est déterminé *à priori* par cette même raison pure et qui est nécessaire.

« Le bonheur tout seul est loin d'être pour notre raison le souverain bien. Elle ne l'approuve (quelque ardemment que l'inclination puisse le souhaiter) que s'il s'accorde avec ce qui nous rend dignes d'être heureux, c'est-à-dire avec la bonne conduite morale. Mais d'un autre côté la moralité et avec elle la simple qualité d'être digne du bonheur ne sont pas non plus le souverain bien. Pour que le bien soit complet, il faut que celui qui ne s'est pas conduit de manière à se rendre indigne du bonheur puisse espérer d'y participer. La raison, en dehors même de toute considération personnelle, ne peut pas juger autrement, lorsque, sans avoir égard à aucun intérêt particulier, elle se met à la place d'un être qui aurait à distribuer aux autres tout le bonheur; car dans l'idée pratique les deux éléments sont nécessairement liés, mais de telle sorte que c'est l'intention morale qui est la condition de la participation au bonheur, et non la perspective du bonheur qui rend d'abord possible l'intention morale. Dans ce dernier cas en effet l'intention ne serait plus morale, et par conséquent elle ne serait plus digne de tout le bonheur, qui devant la raison ne connaît pas d'autres bornes que celles qui viennent de notre propre immoralité.

« Le bonheur, exactement proportionné à la moralité des êtres raisonnables, qui s'en rendent dignes par là-même, constitue donc seul le souverain bien d'un monde où, d'après les préceptes de la raison pure pratique, nous devons absolument nous placer, et qui n'est qu'un monde intelligible; car le monde sensible ne nous permet pas d'attendre de la nature des choses une telle unité systématique de fins, et la réalité n'en peut être fondée que sur la supposition d'un souverain bien originaire, où une raison subsistant par elle-même et douée de toute la puissance d'une cause suprême fonde, entretient et accomplit, suivant la plus parfaite finalité, l'ordre général des choses, bien que dans le monde sensible cet ordre nous soit profondément caché.

« Cette théologie morale a sur la théologie spéculative cet avantage particulier, qu'elle conduit infailliblement au concept d'un premier être *unique, le plus parfait de tous* et *raisonnable*, concept que la théologie spéculative ne nous indique même pas par ses principes objectifs et de la vérité duquel, à plus forte raison, elle ne saurait nous convaincre. Nous ne trouvons en effet ni dans la théologie transcendentale, ni dans la théologie naturelle, si loin que la raison puisse nous conduire, aucun motif suffisant de n'admettre qu'un être unique qui domine toutes les causes naturelles, et dont elles dépendent sous tous les rapports. Lorsqu'au contraire nous recherchons, du point de vue de l'unité morale, comme loi nécessaire du monde, la seule cause qui puisse faire produire à cette loi tout son effet et par conséquent lui donner aussi une force obligatoire pour nous, nous voyons que ce doit être une volonté unique et suprême, renfermant toutes ces lois. Car comment trouver en diverses volontés une parfaite unité de fins? Cette volonté doit être toute puissante, afin que toute la nature et son rapport à la moralité dans le monde lui soient soumis; omnisciente, afin de connaître le fond des intentions et leur valeur morale; présente partout, afin de pouvoir prêter immédiatement l'assistance que réclame le souverain bien du monde; éternelle, afin que cette harmonie de la nature et de la liberté ne fasse défaut en aucun temps, etc.

« Mais cette unité systématique des fins dans ce monde des intelligences, qui, envisagé comme simple nature, ne mérite d'autre nom que celui de monde sensible, mais qui, comme système de la liberté, peut être appelé monde intelligible ou moral (*regnum gratiæ*), cette unité conduit inévitablement aussi à une unité finale de toutes les choses constituant ce grand tout fondée sur des lois naturelles générales, de même qu'elle-même se fonde sur des lois morales universelles et nécessaires, et elle relie la raison pratique à la raison spéculative. Il faut se représenter le monde comme résultant d'une idée, pour pouvoir l'accorder avec cet usage de la raison sans lequel nous nous conduirions nous-mêmes d'une manière indigne de la raison, c'est-à-dire avec l'usage moral, qui repose absolument sur l'idée du souverain bien. Toute investigation de la nature reçoit par là une direction suivant la forme d'un système des fins, et dans son plus haut développement devient une théologie physique... »

Théologie physique! L'idée, substance de l'Univers!... Ces conclusions qui s'imposaient au génie du philosophe, il y a cent ans, alors que la matière était conçue comme étendue sans vie et impénétrable..., trouvent un inappréciable appui dans la démonstration *expérimentale* de la résolution du mode matière en mode force.

Poursuivons la citation : « Mais celle-ci », (la théologie physique) « partant de l'ordre moral comme d'une unité qui a son fondement dans l'essence de la liberté et qui n'est pas accidentellement établie par des commandements extérieurs, ramène la finalité de la nature à des principes qui doivent être inséparablement liés *à priori* à la possibilité interne des choses, et par là à une *théologie transcendentale* qui fait de l'idéal de la souveraine perfection ontologique un principe de l'unité systématique, servant à lier toutes choses suivant des lois naturelles universelles et nécessaires, puisqu'elles ont toutes leur origine dans l'absolue nécessité d'un seul être premier.

« Quel *usage* pouvons-nous faire de notre entendement, même par rapport à l'expérience, si nous ne nous proposons des fins ? Or les fins suprêmes sont celles de la moralité, et il n'y a que la raison pure qui puisse nous faire connaître celles-ci. Mais à l'aide de ces fins et sous leur direction nous ne pouvons faire de la connaissance de la nature même aucun usage final par rapport à la connaissance (1), si la nature n'a pas établi elle-même d'unité finale ; car sans cette unité nous n'aurions pas même de raison, puisque nous n'aurions pas d'école pour la raison et que nous serions privés de la culture provenant des objets qui fournissent une matière à des concepts de ce genre... »

Le lecteur mesurera une fois de plus l'importance de la vérification scientifique croissante du principe d'unité dans la nature.

« En définitive » relevons-nous encore « c'est toujours à la raison pure, mais à la raison pure dans son usage pratique, qu'appartient le mérite de lier à notre

---

(1) Können wir von der Kenntnisz der Natur selbst keinen zweckmäszigen Gebrauch in Ansehung der Erkenntnisz machen.

intérêt suprême une connaissance que la simple spéculation ne peut qu'imaginer, mais qu'elle ne peut faire valoir, et d'en faire ainsi, non pas sans doute un dogme démontré, mais une supposition absolument nécessaire pour ses fins essentielles. »

(Dans d'autres parties de son ouvrage le philosophe assigne pour objet à la Science la vérification, toujours plus rapprochée et infinie, du principe d'Unité.)

Achevons le morceau : « Mais quand la raison pratique est parvenue à ce point sublime, je veux dire au concept d'un être premier et unique, comme souverain bien, elle n'a pas le droit de faire comme si elle s'était élevée au-dessus de toutes les conditions empiriques de son application et qu'elle fût arrivée à la connaissance de nouveaux objets, c'est-à-dire de partir de ce concept et d'en dériver les lois morales mêmes. En effet c'est précisément la nécessité pratique interne de ces lois qui nous a conduits à supposer une cause subsistante par elle-même, ou un sage régulateur du monde, afin de donner à ces lois leur effet ; et par conséquent nous ne pouvons pas, après cela, les regarder comme contingentes et dérivées d'une simple volonté, surtout d'une volonté dont nous n'aurions aucun concept si nous ne nous l'étions figurée d'après ces lois. Si loin que la raison pratique ait le droit de nous conduire, nous ne tiendrons pas nos actions pour obligatoires parce qu'elles sont des commandements de Dieu, mais nous les regarderons comme des commandements divins, parce que nous y sommes intérieurement obligés. Nous étudierons la liberté sous l'unité finale qui se fonde sur des principes de la raison ; nous ne croirons nous conformer à la volonté divine qu'en tenant pour sainte la loi morale que la raison nous enseigne par la nature des actions mêmes, et nous ne croirons obéir à cette loi qu'en travaillant au bien du monde en nous et dans les autres. »

Conclusion pratique : Tous les êtres ou systèmes conditionnés (humains compris, inutile de le dire) valeurs de fonction, instruments d'usage ou de travail sous un mode quelconque, existent en vertu d'un même principe, sont régis par de mêmes lois. Donc, quel que soit le champ de vie ou d'usage vers lequel nous portions notre investigation, nous devons y trouver des conclusions applicables à nous-mêmes. Voyons à ce titre ce que nous fournit la science revêtue du plus haut degré de certitude, nous voulons dire la chimie.

F. — Puissance illimitée et évolution graduée d'après les lois naturelles.

Deux leçons d'intérêt primordial dans l'objet qui nous occupe, sont fournies par la chimie :

1° En agissant dans le sens des lois naturelles, on fait appel à une puissance illimitée ; ce qui appuie le concept de rattachement du conditionné à l'Inconditionné ;

2° C'est par filiation graduée, précise, fatale, que les transformations s'opèrent ; ce qui comporte l'enregistrement continu de la valeur de fonction dans l'intelligible, (soit une inéluctable sanction de tous les actes conscients) ; et en même temps appuie la proposition d'Emmanuel Kant : le monde résultant d'une Idée (celle de l'usage de la raison pure.)

Ouvrons le volume « *La Synthèse chimique* (1) » du créateur même de méthodes générales de synthèse, Berthelot ; nous lisons, touchant la loi scientifique de reproduction de tel ou tel principe immédiat : (p. 273 et

(1) *La Synthèse chimique*, par M. Berthelot, membre de l'Institut, professeur au Collège de France, 1897. Félix Alcan, éditeur, Paris.

s.) : « ... La connaissance de cette loi permet de réaliser une infinité d'autres effets semblables aux premiers, de former une multitude d'autres substances, les unes identiques avec les substances naturelles déjà connues, les autres nouvelles et inconnues, et cependant comparables aux premières... La synthèse des corps gras neutres, par exemple, ne permet pas seulement de former artificiellement les quinze ou vingt corps gras naturels connus jusque-là, mais elle permet encore de prévoir la formation de plusieurs centaines de millions de corps gras analogues et qu'il est désormais facile de produire de toutes pièces, en vertu de la loi générale qui préside à leur composition. C'est le développement nécessaire de ces séries générales de lois et de composés qui rend si difficile la solution de chaque problème synthétique envisagé isolément... Tout corps, tout phénomène représente, pour ainsi dire, un anneau compris dans une chaîne plus étendue de corps, de phénomènes analogues et corrélatifs. Dès lors, on ne saurait le réaliser individuellement, à moins d'être devenu maître de toute la série des effets et des causes dont il représente une manifestation particulière. Mais par là même chaque solution acquiert un caractère de fécondité extraordinaire.

« Voilà comment nous saisissons le sens et le jeu des forces éternelles et immuables qui président dans la nature aux métamorphoses de la matière, et comment nous arrivons à les faire agir à notre gré dans nos laboratoires. Le mode suivant lequel s'exerce cette puissance mérite quelque attention. Ce qu'il est surtout essentiel de connaître, c'est la succession fatale des changements que la matière éprouve, la filiation précise des substances qui se transforment, et l'influence du milieu et des circonstances dans lesquelles s'effectuent les métamorphoses. Ces choses étant exactement connues, nous devenons les maîtres du mécanisme naturel et nous le faisons fonctionner à notre gré : soit pour reproduire les mêmes effets qui nous ont appris à le connaître, soit pour développer des effets semblables conçus par notre intelligence. Dans tous les cas, il est essentiel de remarquer que notre puissance va plus loin que notre connaissance. En effet, étant données un certain nombre de conditions d'un phénomène imparfaitement connu, il suffit souvent de réaliser ces conditions pour que le phénomène se produise aussitôt dans toute son étendue ; le jeu spontané des lois naturelles continue à se développer et complète les effets, pourvu que l'on ait commencé à le mettre en œuvre convenablement. Voilà comment nous avons pu former les substances organiques, sans connaître à fond les lois des actions intermoléculaires. Il est même vrai de dire que, si les forces une fois mises en jeu ne poursuivaient pas elles-mêmes l'œuvre commencée, nous ne pourrions imiter et reproduire par l'art aucun phénomène naturel ; car nous n'en connaissons aucun d'une manière complète, attendu que la connaissance parfaite de chacun d'eux exigerait celle de toutes les lois, de toutes les forces qui concourent à le produire, c'est-à-dire la connaissance parfaite de l'Univers. »

Un exemple topique est indiqué (dans le même volume) touchant l'évolution graduée et le développement des capacités intrinsèques de fonction à travers les modifications phénoménales. Le savant professeur expose les premières tentatives infructueuses, puis signale que l'élément nouveau à introduire pour arriver au succès est l'emploi du temps ; « par là-même » écrit-il, (p. 183) « la formation artificielle des corps gras neutres se rapproche encore des conditions compatibles avec les milieux organisés. »

Il expose ensuite comment exaltant les affinités des corps en présence par le concours de la chaleur, on obtient des produits de plus en plus rapprochés du but; comment s'imposent des tentatives successives dans lesquelles (p. 184) « on prend les produits des premiers essais comme point de départ, » pour arriver enfin à l'obtention complète du produit cherché.

Cette obligation de prendre pour point de départ de chaque tentative « les produits des premiers essais », soit la valeur de fonction précédemment acquise, est la démonstration de l'évolution de la conscience empirique même de chacun des éléments constitutifs du composé; puisque ce composé même se transforme constamment et que chaque métamorphose nouvelle exprime un état progressif d'équilibre réalisé par une plus complexe coordination, harmonie, des mouvements des éléments intimes de la substance. (Voir aussi à ce sujet, *La théorie atomique*, Wurtz, p. 224 et s. Editeur: Félix Alcan.) Que l'on se représente par des nombres ces valeurs de fonction ou modes d'équilibre plus ou moins complexes atteints successivement par la conscience empirique des éléments intimes, et l'on saisira très bien la loi mathématique de l'évolution graduée vers un nombre quelconque, en passant par tous les intermédiaires.

Les phénomènes s'appellent par évolution graduée: tout système est donc ou en ascension vers les valeurs de fonction de plus en plus complexes, ou en déchéance de capacités. C'est la démonstration par la Science de cet élément de direction de soi-même, d'une incalculable portée : constitution par chacun de sa valeur intrinsèque de travail ou de fonction (et conséquemment de sa place et de son emploi dans l'univers), à travers les métamorphoses phénoménales. Il peut n'être pas sans intérêt d'observer ici que le grand physiologiste Claude Bernard fournit des conclusions à l'appui de l'évolution des capacités de fonction à travers les modifications phénoménales ; de même qu'il en fournit une en parfait accord avec les données de Kant, relativement au mode d'exister de l'univers conditionné.

Dans son ouvrage « *Leçons sur les phénomènes de la vie communs aux animaux et aux végétaux* (1) », Claude Bernard établit en effet que toute manifestation vitale commence et s'entretient par la dépense, l'usage de quelque chose ; ce qui, étendu à l'univers phénoménal, montre que celui-ci ne peut être sa source à soi-même. N'apparaissant et ne s'exerçant qu'au prix d'une dépense, le contingent est en perpétuelle modification ; naissance et mort sont des termes interchangeables, de simples aspects de l'évolution incessante des choses et des êtres : évolution dans laquelle tout s'utilise suivant sa valeur de fonction ou de travail.

Les phénomènes de nutrition, génération, régénération, cicatrisation, rédintrégation le démontrent jusqu'à l'évidence.

Concluons : La Science écarte — en montrant que l'une et l'autre sont contradictoires avec le principe de conservation et d'évolution de l'énergie — deux idées en apparence tout opposées, mais que l'arrivée au même résultat condamne : Celle d'anéantissement de la valeur directrice de fonction d'un système quelconque, particule ou homme, lors de la décomposition de ce système ; ou celle (conçue à peu près exclusivement pour l'homme) d'entrée de cette valeur en un stationnement définitif (paradis ou enfer), chose équivalente à l'anéantissement de fonction.

Montrant que, de la particule à l'homme, toute éner-

(1) Editeurs : J.-B. Baillère et fils, 19, rue Hautefeuille, Paris (2 vol.)

gie se classe suivant sa valeur de travail et évolue en conséquence, la Science révèle ainsi l'inéluctable responsabilité attachée par la loi de causalité à chacun de nos actes, à chacune des pensées volontairement entretenue et développée par nous. Quoi de plus propre à diriger chacun vers la culture en lui-même du plus haut idéal, le redressement vigilant de ses instincts les plus grossiers, le soin de toute substance sur laquelle il a action, en un mot vers l'amour du travail, l'amour des œuvres d'utilité universelle? Que l'homme s'oriente — et cela relève de sa liberté — vers le principe d'Unité et sa progression morale sera graduée, précise, fatale. De même sera graduée, précise, fatale, sa dégradation, s'il s'abstrait de l'idéal d'Unité, réalisant ainsi temporairement en lui la condition d'un moteur thermique supposé abandonné à lui-même. Ceci touche à la dégradation d'énergie constatée dans notre système solaire. Mais tous les systèmes petits ou grands ont leurs phases, sans que cela puisse impliquer en rien la dégradation finale universelle. Au point de vue mécanique, la dégradation finale universelle est réfutée, si l'on conçoit l'univers phénoménal relié à l'Absolu.

G. — Conclusions.

Rassemblons, à titre de conclusions, les principales données de cette étude.

La Science expérimentale se rapproche du principe d'unité par la vérification de la double action des lois de causalité et continuité.

Par évolution graduée, les modes matière peuvent arriver à un mode unitaire : état corpusculaire, où la substance chimique trouve une équivalence physique : loi de continuité et loi de causalité, puisqu'on saisit ainsi dans l'effet la fonction continue de la force ou cause et que la force ou cause révèle un principe de diversité d'action.

Les modes substantiels sont donc, entre eux, à la fois continus puisque l'un peut passer à l'autre et distincts par leurs relations de principe, cause, effet.

C'est la synthèse à la fois mathématique et dynamique expérimentalement démontrée en ce qui concerne le mode proprement dit matière.

Expression de force ou cause et d'un principe déterminant, le monde phénoménal n'est donc pas chose en soi; il est le résultat d'un idéal de finalité.

La représentation même en nous (êtres phénoménaux) des principes purs de la connaissance — principes illimités dépassant l'expérience et ayant l'expérience pour objet — nous porte à concevoir que cet idéal de finalité est l'idéal même d'expérience ou d'usage de la raison pure.

Mais une telle conclusion, tout en nous conduisant au concept de l'Incréé ou Absolu, ne nous révèle point ce qu'est l'Absolu, ni même, relativement au concept de l'Être en soi, la nécessité de l'idée d'Usage de la raison pure comme principe conditionnant la réalité phénoménale. Pour saisir une telle nécessité, il faudrait sortir de l'univers conditionné, ce que nous ne pouvons faire.

Tout conditionnement supposant l'Inconditionné nous pouvons, seulement, nous expliquer à nous-mêmes notre propre existence par l'objet final, évident, de la représentation en nous des principes purs de la connaissance: soit l'expérience, le travail, l'harmonie des rapports dans chaque système pris individuellement, dans les groupements de systèmes et dans l'universalité de l'Idée.

Par la représentation en nous du principe d'unité synthétique d'aperception *à priori*, par les intuitions pures : temps et espace, par les concepts purs de l'entendement ou catégories, nous sommes à la fois objets d'usage ou d'expérience (systèmes) puisque des forces constitutives s'équilibrent en nous, et instruments d'action ou de travail dans le milieu (système) auquel nous sommes reliés. Par l'idée d'usage de la raison pure comme substance ou principe de l'unité naturelle, l'univers phénoménal est rattaché à l'Incréé, l'Être en soi, l'Absolu.

Qu'un lien de valeur objective rattache le conditionné à l'Absolu et qu'une puissance illimitée soit — dans les conditions voulues — à la disposition du relatif, c'est ce que vérifie la chimie dans les opérations de synthèse : la puissance du savant est illimitée lorsqu'il agit dans le sens des lois naturelles.

La liberté morale impossible si les phénomènes étaient des choses en soi — puisqu'alors cette force même appelée liberté rentrerait sous des conditions qui la détermineraient dans le temps — se révèle, au contraire, comme cause déterminant les phénomènes d'après les lois empiriques, dans le système de finalité.

En l'Idée d'usage de la raison pure comme principe d'unité évoluent tous les instruments d'usage ou valeurs de fonction possibles ; en elle, ces valeurs se classent, s'utilisent, se développent, se modifient, passent — relativement à elles-mêmes — par des accroissements ou diminutions qui n'affectent point l'ensemble : Idée d'usage de la raison pure ; bien que ces modifications soient d'intérêt capital pour les systèmes eux-mêmes.

La filiation précise, graduée, fatale des transformations d'états d'équilibre matériel dans les synthèses chimiques sont un exemple — les lois étant universelles — de notre propre mode d'évolution.

De même que le chimiste, selon le but qu'il poursuit, dispose des circonstances au point de départ de ses opérations, ainsi nous disposons de nos forces intellectuelles et autres au point de départ de nos actions.

Selon notre orientation librement prise ou vers l'idéal d'Unité : subordination de nos actes au bien général ; ou abstraction faite de cet idéal vers notre satisfaction simplement personnelle, au détriment s'il y a lieu de l'ensemble auquel nous sommes rattachés, nous gagnons ou perdons graduellement, fatalement — relativement à nous-mêmes — en valeur de fonction.

Tout phénomène étant l'expression de l'intelligible c'est dans l'intelligible d'un système donné, dans la causalité de l'intelligible que s'opère la perte ou le gain.

Notre ascension ou dégradation morale évolutive, graduée, dépend donc de nous-mêmes. Nous valons selon ce que nous aimons, selon ce que nous cultivons dans l'intime de notre pensée et sommes utilisés en conséquence dans la Vie ou champ de travail universel.

Une inéluctable sanction est donc attachée à tout acte conscient.

La relation dynamique de cause à effet existe nécessairement, mais aucun phénomène n'est nécessaire en tant que phénomène; aussi n'a-t-il pas de durée et s'efface-t-il évolutivement selon les lois empiriques, pour faire place, par les mêmes lois, à l'état phénoménal successif, expression de l'état causal.

Les phénomènes de naissance, nutrition, croissance, réparation, génération, régénération, mort, etc., ne sont que des aspects de l'évolution incessante qui est le propre des êtres conditionnés. La pensée d'un anéantissement de valeur intelligible de fonction, au moment du rejet en bloc du corps matériel (phénomène de mort) n'est pas plus fondée que celle du stationnement indéfini d'une telle valeur dans un paradis ou enfer quelconque à l'occasion du même phénomène; stationnement imaginé, du reste, à peu près exclusivement pour l'homme, tandis que ce sont des lois universelles qu'il faut voir en action dans tout l'univers conditionné.

Autonomie des éléments dans chaque système, petit ou grand, et subordination des éléments au bien de l'ensemble ; phases d'évolution pour tout système ; relations des systèmes entre eux en vue de l'unification par eux de champs de vie de plus en plus étendus : tel est le mode d'exister, telle est la vie de tous les éléments de l'univers conditionné.

Le concept d'éternité n'est applicable à aucun de ces éléments, puisque l'éternel est abstrait du temps et que les êtres conditionnés évoluent dans le temps ; mais on conçoit aussi que l'ascension du conditionné vers l'absolu ne peut être qu'illimitée : cette ascension ou tension est la source même de vie pour tout élément conditionné. Le lien entre les individus à travers les évolutions phénoménales, c'est l'entretien d'un même amour du travail, d'un même idéal de vie.

Saisie dans son principe d'unité, la réalité phénoménale ne peut, un seul instant, être envisagée comme système abandonné à soi-même. La Science, nous a dit M. Poincaré, cherche le mode de compensation à la dégradation d'énergie constatée dans le système solaire, et croit être sur la voie. La découverte n'est évidemment qu'une question de temps et d'effort.

Nous ne pouvons clore ces pages sans indiquer une doctrine dont l'étude est appelée par tous ces travaux et qui en facilite une vue d'ensemble. Cette doctrine est celle des degrés continus (expression de la loi de continuité) et des degrés discrets ou distincts (expression de la loi de causalité), exposée par Em. Swedenborg dans son volume : « *La Sagesse angélique sur le divin Amour* (1). »

(1) Dépôt de livres de la *Nouvelle Jérusalem*, 12, rue Thouin, Paris.

M. H. Poincaré, dans son Mémoire, nous a signalé comment le savant — à mesure du développement des moyens d'investigation — trouve le complexe sous le simple ; puis arrive de nouveau à une simplicité sous laquelle le complexe se révèle encore et ainsi de suite. C'est qu'indéfiniment l'unité s'exprime par causalité et continuité, soit par séries de degrès : 1° Continus, 2° et en même temps distincts ; autrement dit degrés où les états substantiels sont entre eux dans les relations de principe, cause, effet : le dernier de chaque série, l'effet étant fonction de principe dans la série immédiatement descendante.

Quand on arrive à la fonction principe d'une série, on y saisit une simplicité relative ; mais cette fonction est l'effet (donc complexité) de la série immédiatement ascendante ; série dont bientôt la Science s'empare à mesure de la pénétration de ses moyens d'étude.

Dans l'effet dernier, mode matière, la Science a saisi, avons-nous vu au cours de ces pages, la fonction continue de la cause, mode force, (J.-J. Thomson et autres savants) et dans le mode force elle a montré une causalité supérieure, un principe de diversité d'action (attraction ou répulsion chez l'atome d'électricité, Lord Kelvin).

Autre exemple : Dans l'être phénoménal, Kant nous a indiqué une même série de degrés, soit le caractère empirique, schème sensible (fonction continue) du caractère intelligible lequel, « *avec sa causalité* » : raison, est en dehors de la série phénoménale.

Ce sont là des exemples de séries de degrès : principe, cause, effet.

Mais ce n'est pas tout :

Le concret ou l'effet sous un mode quelconque récelant en lui cause et principe, ou si l'on veut étant la fonction continue du principe par la cause, est en outre influencé par le jeu des systèmes qui lui sont extérieurs, de même qu'il influence ses éléments constitutifs. Il faut donc concevoir que des séries indéfinies de degrés continus et distincts se présentent non seulement en ordre simultané dans tout phénomène, lorsqu'on pousse vers l'intime du phénomène ; mais encore qu'elles se présentent en ordre successif lorsqu'on embrasse les actions réciproques des systèmes dans l'ensemble de l'univers. Le tout se résumant dans le mot Vie ou Usage de la Raison pure.

De cette doctrine trop complexe pour être agitée davantage ici, nous avons déjà dit un mot au cours des présents Documents biographiques, à l'occasion de l'œuvre didactique de Brook-Farm (1), Etats-Unis.

Finalement, toutes les données rassemblées en ce chapitre se résument — au point de vue de la morale pratique — en un idéal de vie et de travail dont l'accord parfait avec les conclusions de Jean-Baptiste-André Godin sera évident pour le lecteur. Donc, la Science nous a fourni ce que nous cherchions : l'appui auquel aspirait J.-B.-A. Godin dans ses conclusions philosophiques et sociales.

Terminons en signalant que la *Revue générale des Sciences pures et appliquées* (2) avait signalé — dès le mois d'août 1900 — c'est à dire aussitôt la tenue du Congrès international de Physique « l'importance actuelle et la haute portée philosophique de l'œuvre qui venait d'être accomplie. »

---

(1) 1er vol. Chap. XVI, sect. 9e, p. 233 à 243.

( ) No du 15 août 1900, p. 915. — Editeurs : Armand-Colin, Paris.

TABLE DES MATIÈRES

Unité : causalité, continuité

Nimes. — Typ. A. Chastanier, 12, rue Pradier.

www.ingramcontent.com/pod-product-compliance
Lightning Source LLC
LaVergne TN
LVHW020418230826
846091LV00004B/1320
9782012883598